AUS DEN FILMEN ZU

Harry Potter™

ZEICHNE DEINE LIEBLINGSFIGUREN SCHRITT FÜR SCHRITT

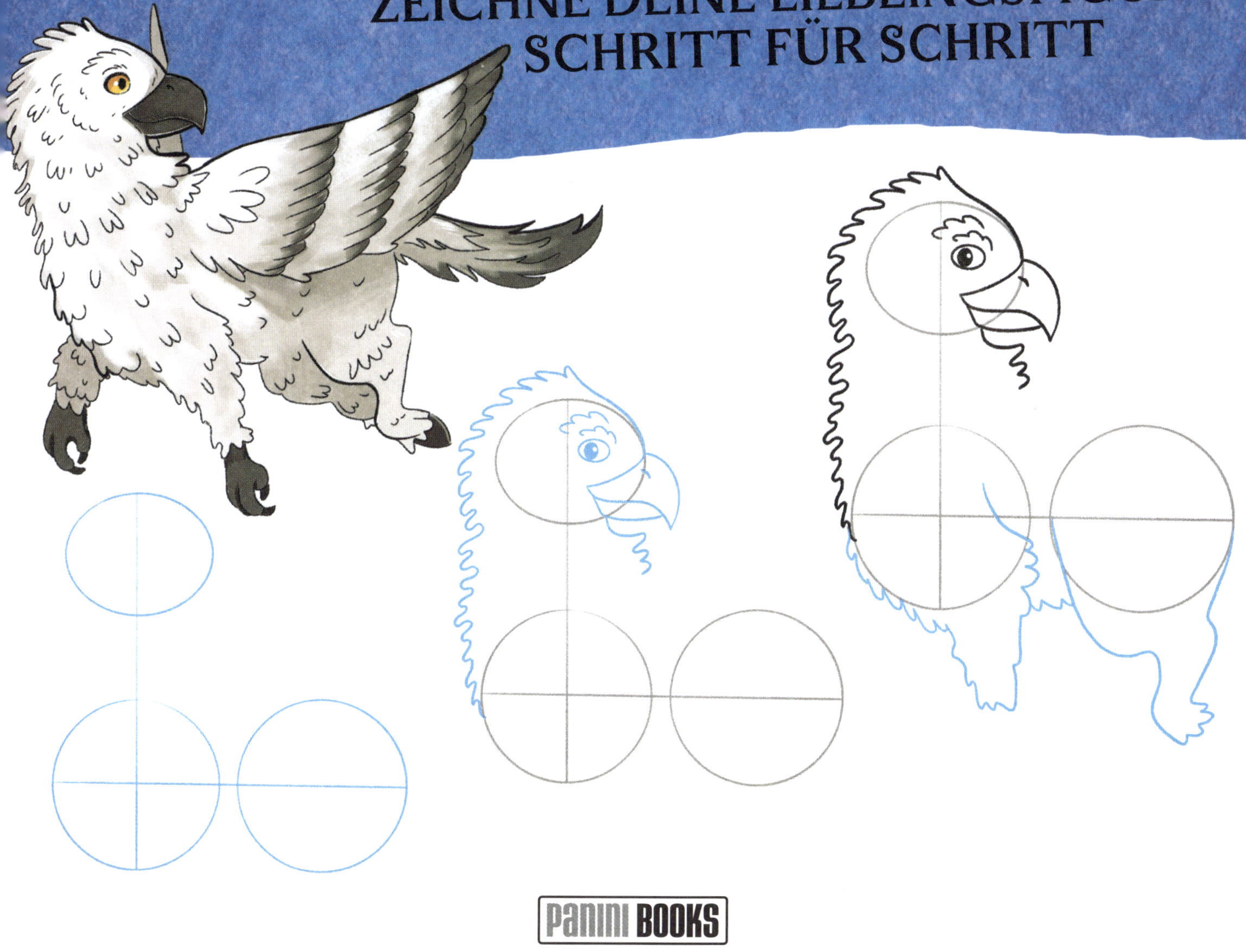

PANINI BOOKS

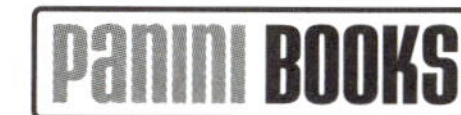

Harry Potter: Zeichne deine Lieblingsfiguren Schritt für Schritt
Deutschsprachige Ausgabe 2024 durch die Panini Verlags GmbH,
Schloßstraße 76, 70176 Stuttgart
Verlagsleitung: Gabriele El Hag
Chefredaktion: Nicole Hoffart
Redaktion: Lisa Breitsameter
Übersetzung: Barbara Knesl
Lektorat: Claudia Weber
Produktion: Print Company Verlagsges.m.b.H.
Manufactured in China by Scholastic
ISBN 978-3-8332-4430-8
www.paninishop.de

Die Deutsche Nationalbibliothek verzeichnet diese Publikation in der Deutschen Nationalbibliografie;
detaillierte bibliografische Daten sind im Internet über http://dnb.d-nb.de abrufbar.

Englischsprachige Originalausgabe 2024
Scholastic Inc.
557 Broadway, New York, NY 10012
Written by Isa Gouache
Additional Illlustrations by Violet Tobacco
Book design by Salena Mahina and Elliane Mellet
Edited by Samantha Swank

INHALT

FÜR ANFÄNGER

FÜR FORTGESCHRITTENE

FÜR PROFIS

WILLKOMMEN ZUM MAGISCHEN ZEICHNEN!

Du möchtest lernen, Harry Potter, seine Freunde und magische Gegenstände und Kreaturen aus der Zauberwelt zu zeichnen? In diesem Buch erfährst du, wie es geht – Schritt für Schritt und eine Zeichnung nach der anderen. Also hol deine Zeichenutensilien heraus und auf geht's!

WAS DU BRAUCHST:

- einen Bleistift
- einen Radiergummi
- weißes Papier

UND AUSSERDEM VIELLEICHT:

- Schmierpapier zum Üben
- einen schwarzen Fineliner
- einen Goldstift, einen Silberstift sowie Bunt- und Filzstifte in verschiedenen Farben
- ein Lineal
- eine Kreisschablone oder eine saubere Tasse
- einen Snack für zwischendurch!

ALLES ÜBER DIESES BUCH

Die Zeichnungen in diesem Buch sind in drei Schwierigkeitsstufen unterteilt: Anfänger, Fortgeschrittene und Profis. Die Zeichnungen beginnen einfach und werden mit der Zeit immer anspruchsvoller. Aber es kann durchaus sein, dass dir eine Zeichnung für Fortgeschrittene leichter von der Hand geht als eine Anfängerzeichnung. Das ist in Ordnung! Arbeite in deinem eigenen Tempo. In diesem Buch findest du jede Menge Zeichentipps, die dir auf deinem Weg helfen.

ACHTE AUF DIE FARBEN DER LINIEN!

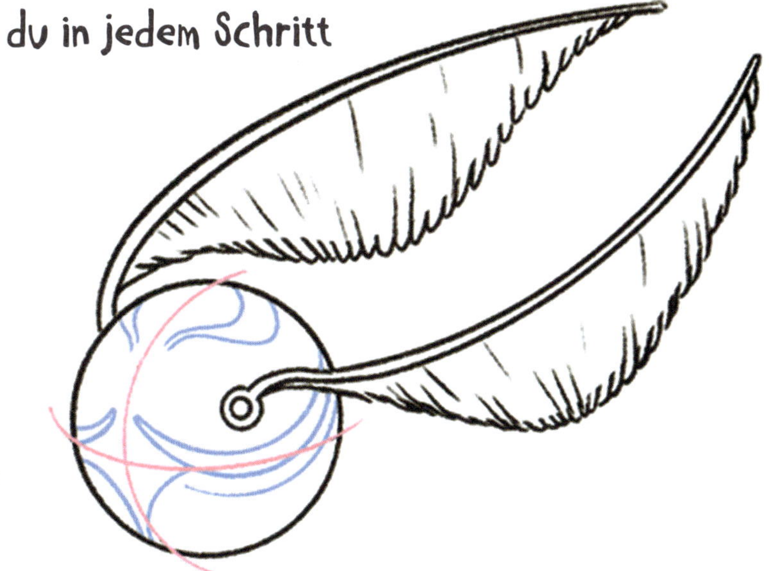

In diesem Buch sind die neuen Linien, die du in jedem Schritt zeichnest, blau.

Linien, die du zuvor gezeichnet hast, sind schwarz.

Hilfslinien, die später ausradiert werden, sind grau.

Hilfslinien, die früher ausradiert werden, sind rot.

HILFSLINIEN

Gerade am Anfang einer Zeichnung ist es oft nützlich, Hilfslinien zu zeichnen. Sie geben dir einen räumlichen Eindruck (wie oben beim Goldenen Schnatz) und helfen, dein Motiv einzuteilen (wie unten beim Wappen von Hogwarts). So kannst du deine Zeichnung Stück für Stück aufbauen. In diesem Buch sind die Hilfslinien rot und grau dargestellt.

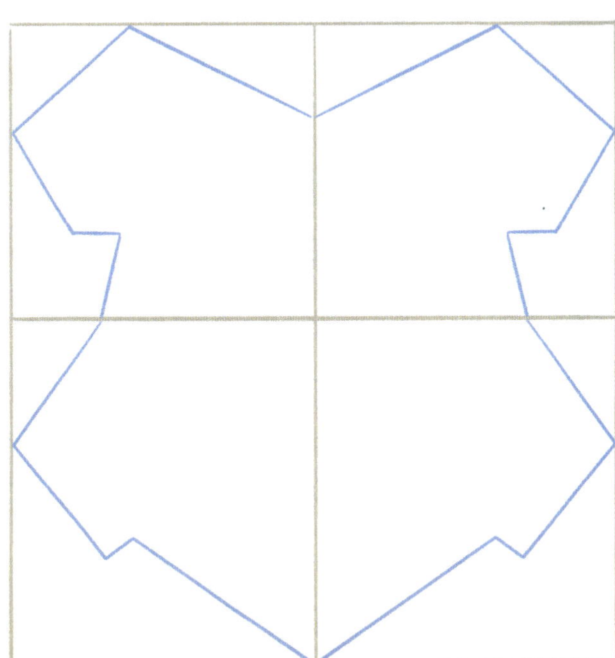

WAS SOLLTEST DU BEIM ZEICHNEN UNBEDINGT BEACHTEN?

Jede Zeichnung in diesem Buch lässt sich in einfache Formen wie Kreise, Quadrate, Dreiecke und Rechtecke unterteilen.

Harrys Zauberstab zum Beispiel ist zunächst ein langes, schmales Dreieck.

Welche Grundformen erkennst du in dieser Zeichnung von Schloss Hogwarts?

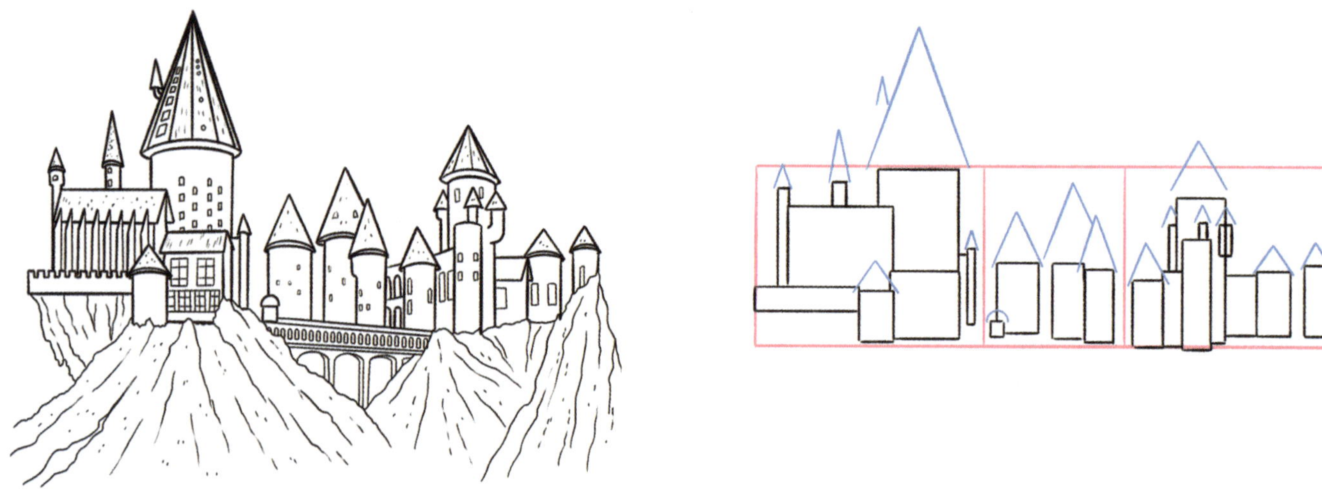

Auch das Auge eines Zauberers beginnt mit einem einfachen Kreis. Von dieser Grundform ausgehend fügst du nach und nach weitere Linien, Konturen und Details hinzu! So kannst du deine Zeichnung schrittweise aufbauen.

ÜBUNG MACHT DEN MEISTER

Zeichnen zu lernen ist ähnlich, wie einen Zauberspruch oder Quidditch zu lernen – es braucht Übung. Nicht einmal Harry Potter bekommt beim ersten Mal alles richtig hin!

Bevor du loslegst, solltest du dich aufwärmen, am besten indem du Linien und Formen auf Schmierpapier skizzierst. Denk auch daran, während des Zeichnens immer mal wieder eine Pause zu machen, die Finger zu lockern und den Arm auszuschütteln. Diese Methoden helfen dir, in Schwung zu kommen und flexibel zu bleiben.

Am besten beginnst du damit, die Bilder aus diesem Buch nachzuzeichnen. Denn wenn du die Figuren, Wesen, Orte und Dinge aus der Harry-Potter-Welt zeichnen kannst, kannst du auch andere Motive zeichnen und magische Abenteuer kreieren.

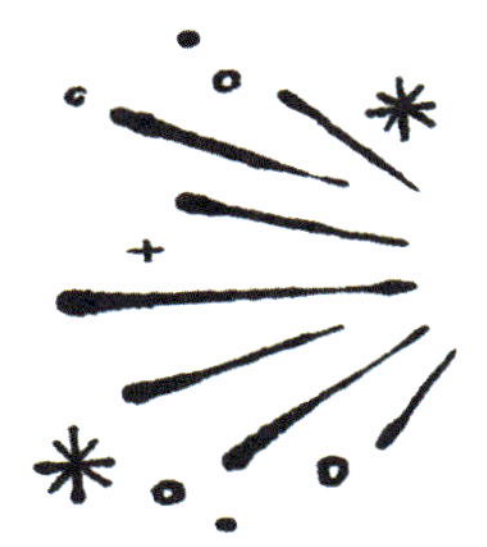

BIST DU STARTKLAR? DANN LASSE DIE MAGIE BEGINNEN!

HARRYS BRILLE

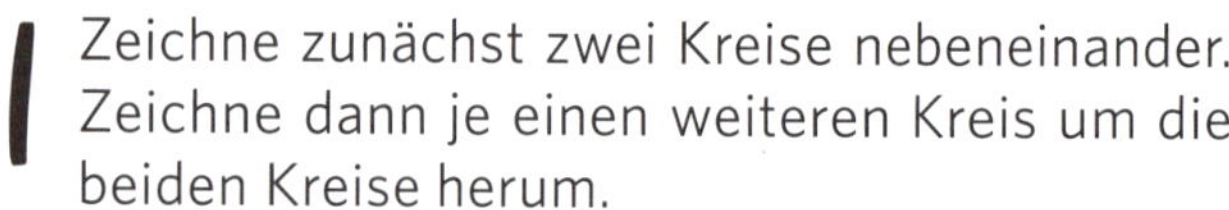

Sieh dir Harry Potters Brille mit ihren kreisrunden Gläsern zunächst ganz genau an.
Übe zum Aufwärmen Kreise auf einem Stück Schmierpapier.
Du kannst den Rand einer Tasse umfahren, eine Kreisschablone verwenden oder freihändig zeichnen. Unser Tipp fürs Freihandzeichnen:
Je schwungvoller du zeichnest, desto besser ist meist das Ergebnis!

1 Zeichne zunächst zwei Kreise nebeneinander. Zeichne dann je einen weiteren Kreis um die beiden Kreise herum.

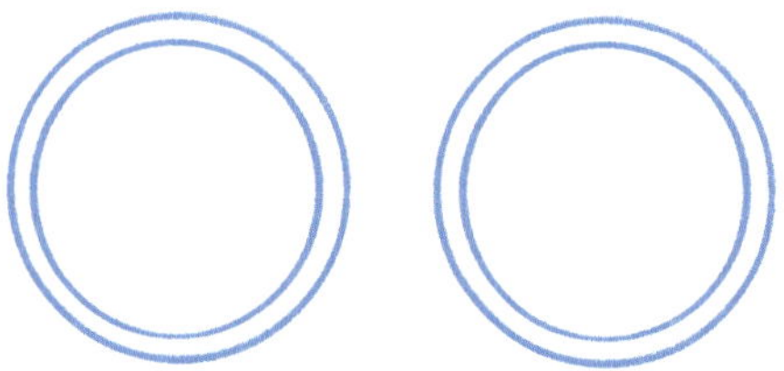

2 Zeichne am äußeren Rand des linken Kreises eine Form, die wie eine Zuckerstange aussieht. Wiederhole das Ganze auf der rechten Seite. Siehst du, wie die Rundung der zweiten Stange zwischen den Kreisen verläuft?

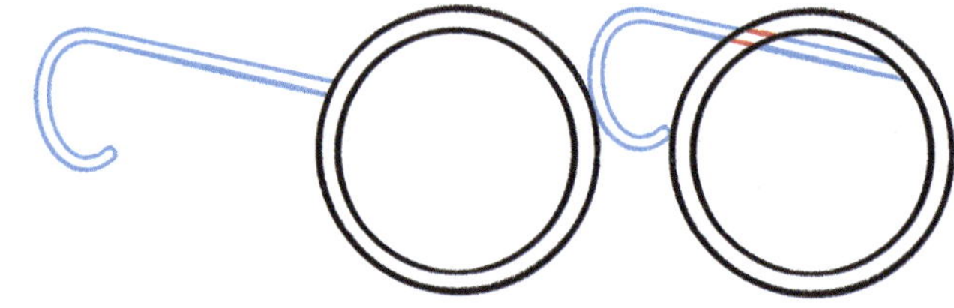

3 Verbinde die Kreise von Schritt 1 mit zwei gebogenen Linien für den Nasensteg. Sie dürfen sich ruhig mit den vorhandenen Linien überschneiden. Zeichne dann eine diagonale Linie in jeden Innenkreis. Das deutet die Lichtspiegelung in den Brillengläsern an.

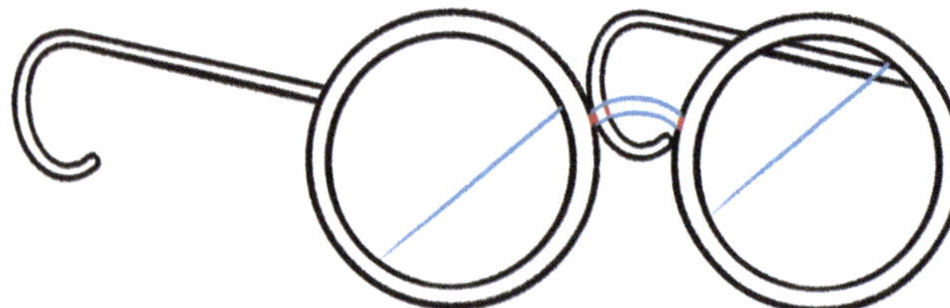

4 Geschafft! Jetzt fehlt nur noch die Farbe. Nimm einen schwarzen Stift deiner Wahl und male das Brillengestell damit aus!

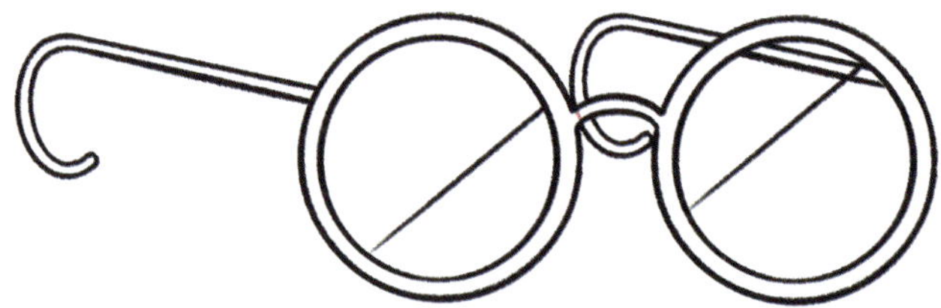

BESEN

In der Zauberwelt ist ein Besen das wichtigste Gerät zum Fliegen – genauso wie ein guter Bleistift unentbehrlich fürs Zeichnen ist. Hexen und Zauberer können Besen als Transportmittel oder für Sportarten wie Quidditch benutzen. Hier siehst du Harrys Nimbus 2000, den er im ersten Film als Sucher für Gryffindor bekommt. Spitze deinen Bleistift und mache dich bereit zum Abflug!

1 Beginne links oben und zeichne eine gekrümmte Hilfslinie für den Besenstiel. Unten fügst du ein schmales, längliches Oval für die Borsten an.

2 Für den Besenstiel ziehst du eine Kontur um die Hilfslinie. Die Borsten zeichnest du um das Oval herum als geschwungene Linie mit Spitze.

3 Runde die Kanten des Stiels ab. Am oberen Ende der Borsten zeichnest du eine fein gezackte Linie. Für den Ständer zeichnest du an der Seite der Borsten erst eine gerade Linie, dann eine gebogene.

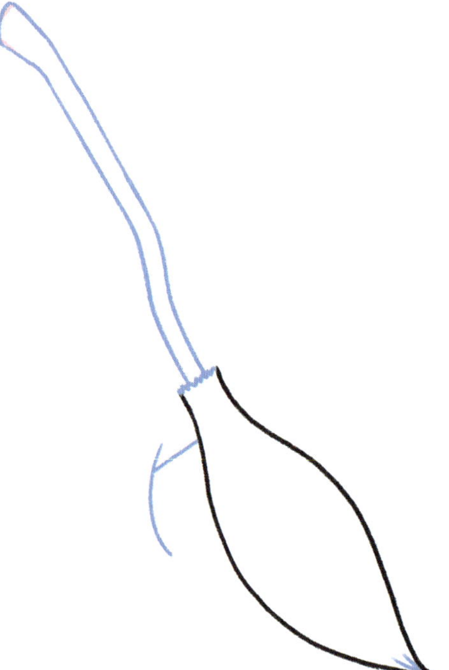

4 Zeichne am oberen Teil der Borsten sechs gerade Linien für die Metallspirale. Ihre Abstände sollten nach unten hin immer enger werden. Mache dann den Ständer dicker und radiere die überflüssigen (rot dargestellten) Linien aus.

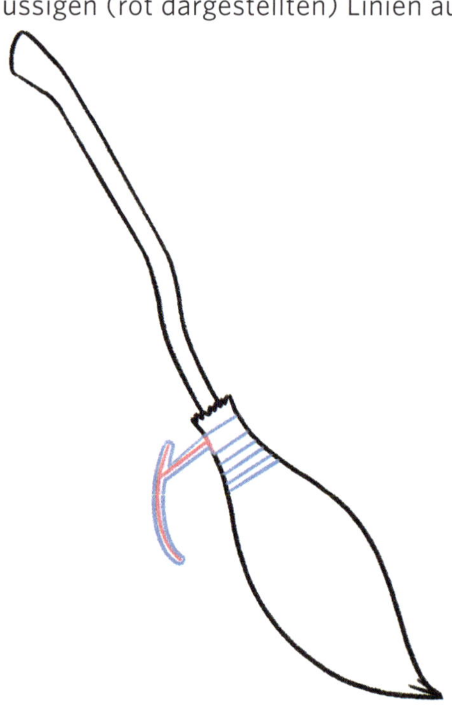

5 Verwende kurze, geschwungene Linien und Striche, um die Borsten darzustellen. Achte darauf, dass die geschwungenen Linien ähnlich verlaufen wie die Umrisslinie.

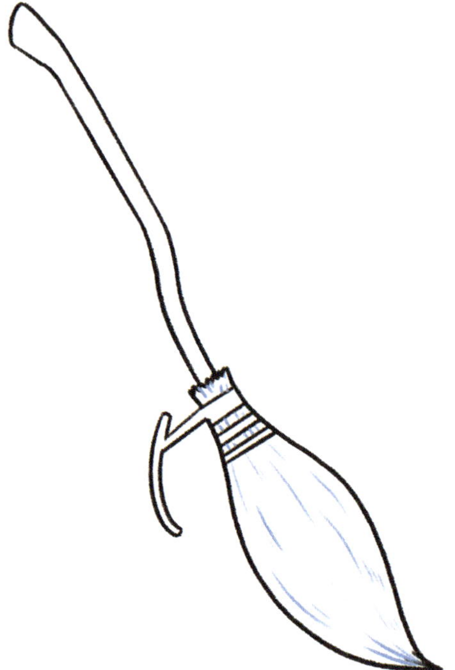

6 Füge ein paar Linien als Details am Griff hinzu. Siehst du, wie sie den Konturen folgen, die du bereits gezeichnet hast? Fülle das Ganze mit Farben und mache dich bereit zum Abflug!

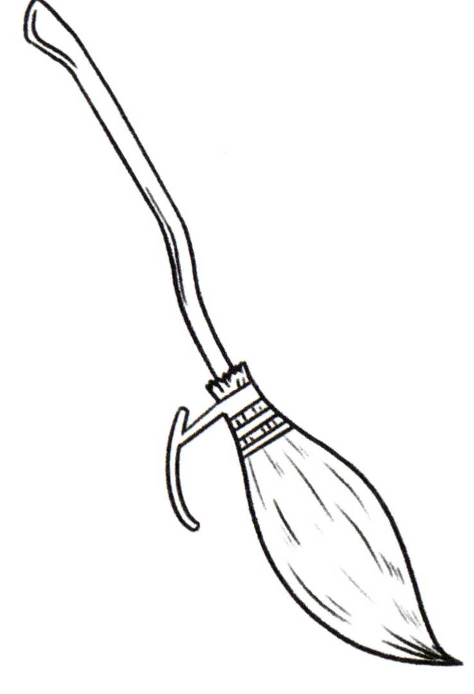

HARRYS ZAUBERSTAB

Es gibt so viele verschiedene Zauberstäbe, wie es Hexen und Zauberer gibt. Zauberstäbe sind eine gute Möglichkeit, das Zeichnen unterschiedlicher Oberflächen zu üben. Lange Linien deuten glatte Oberflächen an, während kürzere, abgehackte Linien einem Holzgriff (wie bei Harrys Exemplar) ein raueres Aussehen verleihen. Zeichne zum Aufwärmen verschiedene Linien auf Schmierpapier.

1 Zeichne zunächst ein langes, schmales Dreieck.

2 Zeichne am dicken Ende des Dreiecks eine grobe, geschwungene Form für den Griff des Zauberstabs. Beachte, dass der Griff dort schmaler ist, wo deine Hand ihn umklammern würde.

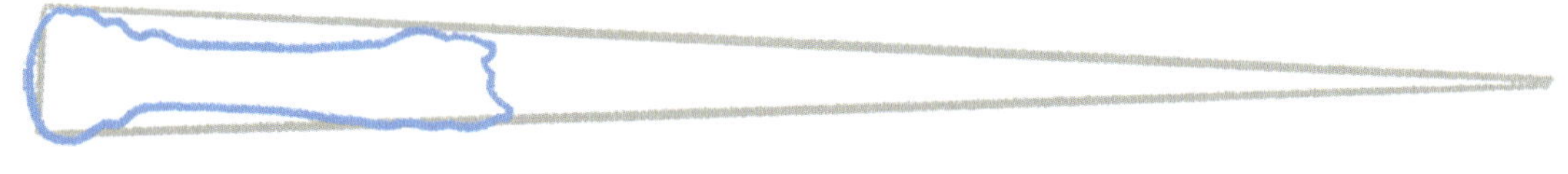

3 Den mittleren Teil zeichnest du mit ungleichmäßigen Seitenlinien und einem abgeschrägten Ende.

4 Überarbeite die Konturen der oberen Hälfte des Zauberstabs. Beachte die Rundung an der Spitze. Entferne alle Linien, die du nicht mehr brauchst.

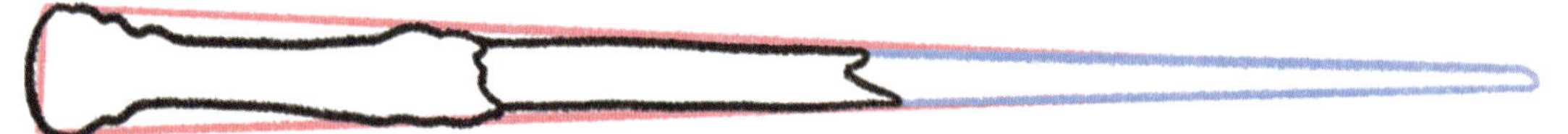

5 Nun ist die Oberflächenstruktur an der Reihe! Zeichne im mittleren Bereich ein paar lange, ungleichmäßige Linien, um die glatte Holzmaserung darzustellen. Zeichne im Griff geschwungenere, verschnörkeltere Linien, um die raue Struktur abzubilden.

6 Überarbeite die Umrisse, radiere alle überflüssigen Linien aus und male die drei Teile in unterschiedlichen Brauntönen an. Jetzt, nachdem du Harrys Zauberstab gezeichnet hast, kannst du für dich und deine Freunde Zauberstäbe mit verschiedenen Formen, Farben und Oberflächen entwerfen.

GOLDENER SCHNATZ

Der Schlüssel zum Erfolg beim Quidditch ist der Goldene Schnatz, den es zu fangen gilt. Und der Schlüssel, damit der Schnatz wie ein runder Ball und nicht wie ein flacher Kreis aussieht, sind gewölbte Hilfslinien. Sie zeigen dir auch, wo du Details wie die Flügel einzeichnen musst. Zeichne zum Aufwärmen so schnell wie möglich fünfzig Kreise auf Schmierpapier. Ran an den Bleistift!

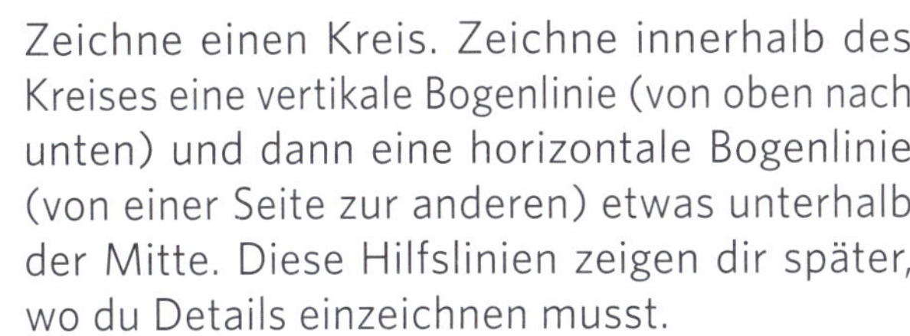

1 Zeichne einen Kreis. Zeichne innerhalb des Kreises eine vertikale Bogenlinie (von oben nach unten) und dann eine horizontale Bogenlinie (von einer Seite zur anderen) etwas unterhalb der Mitte. Diese Hilfslinien zeigen dir später, wo du Details einzeichnen musst.

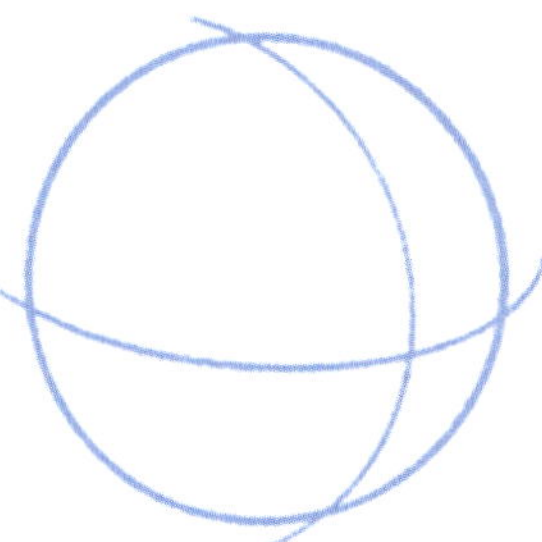

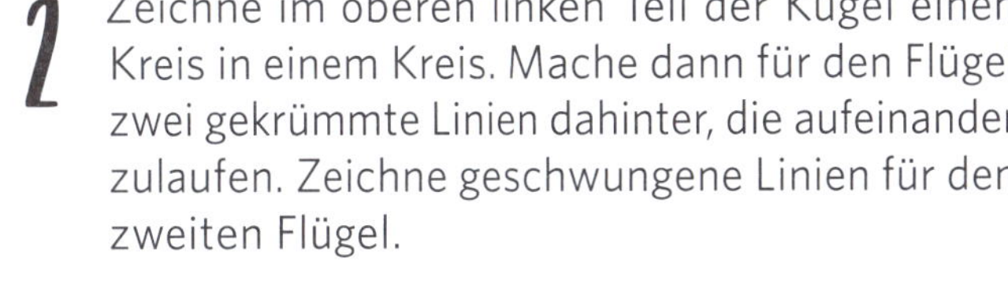

2 Zeichne im oberen linken Teil der Kugel einen Kreis in einem Kreis. Mache dann für den Flügel zwei gekrümmte Linien dahinter, die aufeinander zulaufen. Zeichne geschwungene Linien für den zweiten Flügel.

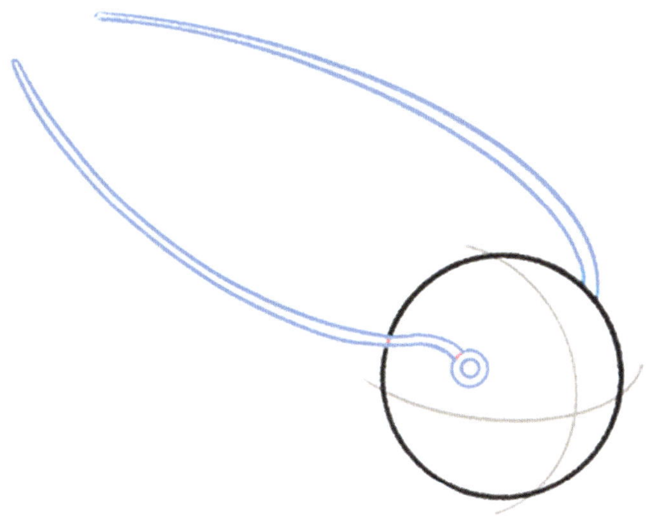

3 Zeichne die Unterkanten der beiden Flügel, indem du eine geschwungene Linie von einem Ende der oberen Flügellinien zum anderen ziehst. Achte darauf, dass die Linien in der Mitte tief nach unten laufen.

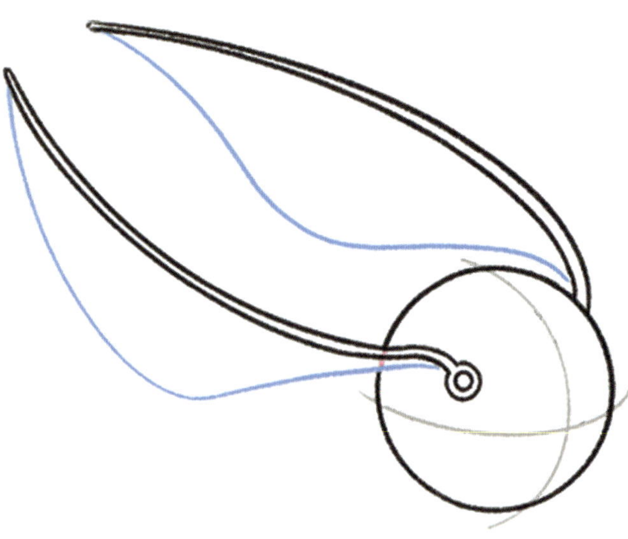

4 Für die Federn zeichnest du entlang der Flügelunterkanten eine Reihe schmaler, langgestreckter „U"s. Mache dann gestrichelte Linien über die gesamten Flügel, um viele Federn anzudeuten.

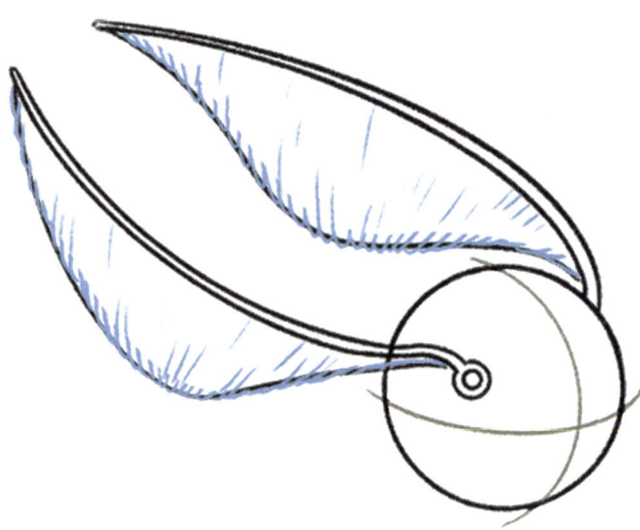

5 Bist du bereit, Details hinzuzufügen? Arbeite dich Abschnitt für Abschnitt vor und verwende dabei die Hilfslinien, die du in Schritt 1 gezeichnet hast. Wenn du beim Verzieren des Schnatzes geschwungene Linien anstelle von geraden verwendest, wirkt er schön rund.

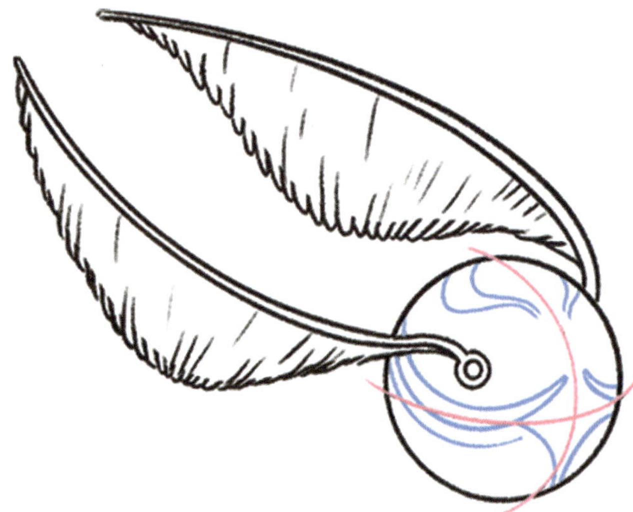

6 Nun geht es ans Überarbeiten! Radiere die Hilfslinien und alle anderen überflüssigen Linien aus und male den Goldenen Schnatz farbig an. Herzlichen Glückwunsch, du bist bereit für dein nächstes Quidditch-Spiel!

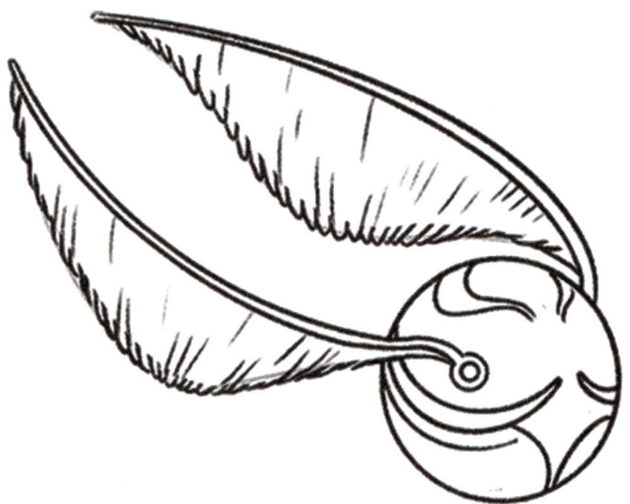

SPRECHENDER HUT

Bist du mutig wie ein Gryffindor, weise wie ein Ravenclaw, loyal wie ein Hufflepuff oder listig wie ein Slytherin? Der Sprechende Hut hilft den Schülern in Hogwarts, genau das herauszufinden. Und beim Zeichnen des Hutes lernst du, selbst komplizierte Zeichnungen mit einfachen Formen wie Ovalen und Dreiecken aufzubauen.

1 Zeichne zunächst ein großes, schmales Oval und dann ein kleineres Oval in der Mitte. Das wird die Krempe des Hutes sein.

2 Zeichne ein Dreieck auf das größere Oval.

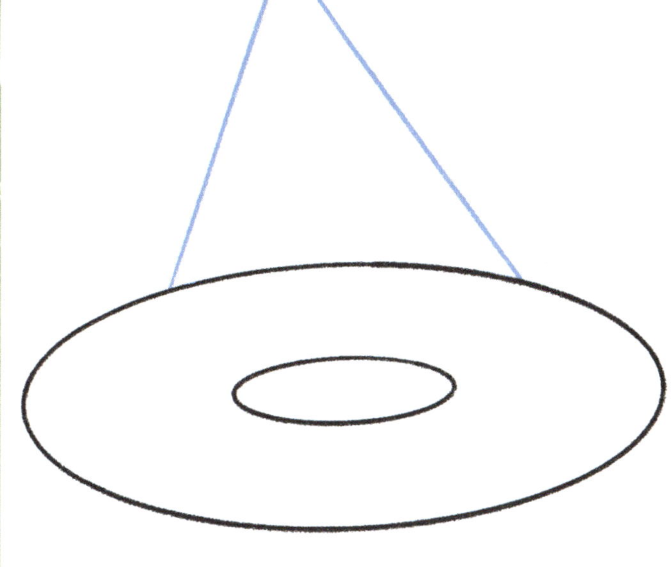

3 Die zerknitterte Spitze besteht aus fünf miteinander verbundenen Dreiecken. Füge das erste Dreieck an die Spitze des Dreiecks aus Schritt 2 an. Zeichne dann eine Kette von vier weiteren Dreiecken, die immer kleiner werden.

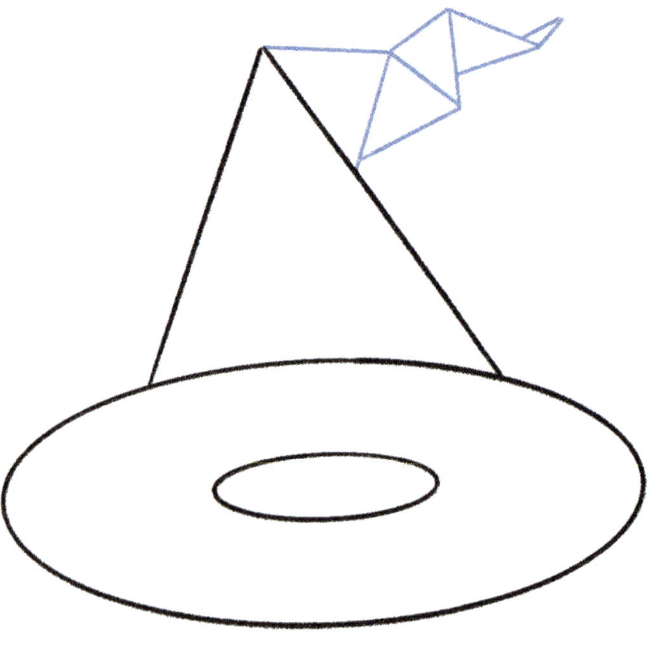

4 Damit der Hut alt und abgenutzt aussieht, überarbeitest du die Umrisse mit schiefen, ungleichmäßigen Linien. Mache die Linien auf der rechten Seite des Hutes besonders krumm.

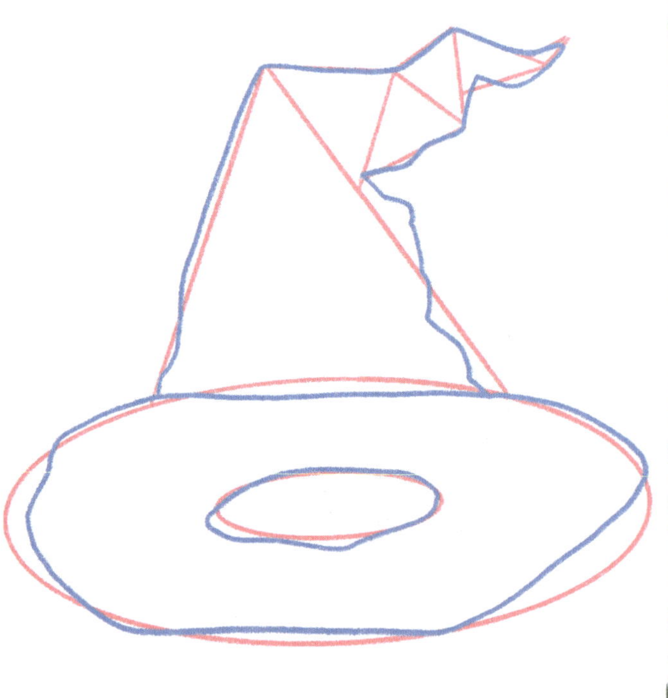

5 Beginne mit den Augen, indem du ein breitgezogenes „V" für die Augenbraue zeichnest. Ergänze dann ein geschwungenes „W" direkt darunter. Beginne den Mund mit einer gezackten Falte. Zeichne dann eine weitere geschwungene Linie direkt darunter.

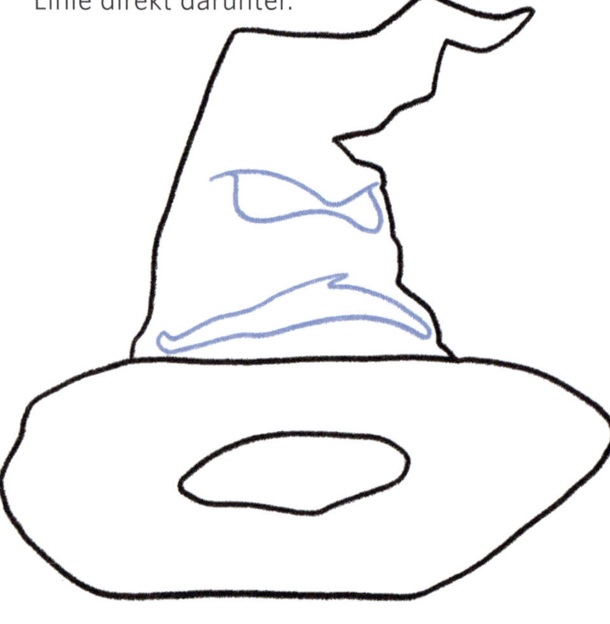

6 Füge lockere v- und u-förmige Linien hinzu, um Falten an den Stellen darzustellen, an denen sich der Hut biegt und an denen Nase, Augenbrauen und Unterlippe hervorstehen.

7 Zeichne eine geschwungene Linie oben in die Hutkrempe, damit sie dreidimensional wirkt, und dann eine ähnliche Linie in den unteren Teil der Hutöffnung.

8 Zum Schluss malst du die Augen, den Mund und die Öffnung in der Krempe aus. Wem wirst du den Hut zuerst aufsetzen?

SCHWERT VON GRYFFINDOR

Dieses Schwert kann fast Unmögliches vollbringen: Lord Voldemorts Horkruxe zerstören. Harry macht damit auch einem Basilisken den Garaus! Der Griff wirkt auf den ersten Blick kompliziert, aber Schritt für Schritt schaffst du es! Zeichne das Schwert zuerst auf Schmierpapier nach, damit du ein Gefühl dafür bekommst, wie die Linien verlaufen. Das Abzeichnen ist eine tolle Möglichkeit, um zu üben!

1 Zeichne zwei lange, schmale Rechtecke, die sich überkreuzen. Das horizontale Rechteck sollte länger sein als das vertikale.

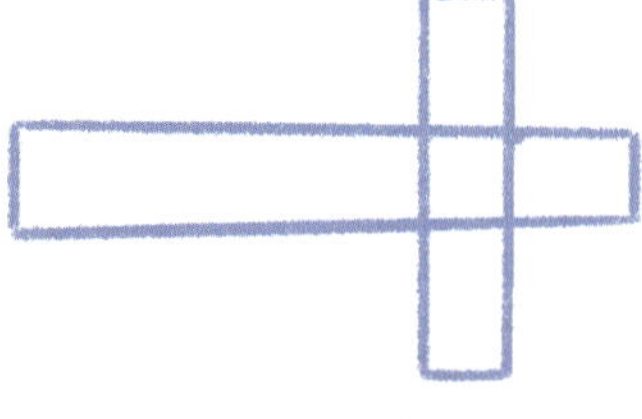

2 Um die Form des Schwertgriffs zu zeichnen, halte zunächst nach Grundformen wie Kreisen, Ovalen und Quadraten Ausschau. Zeichne alle Formen, die du im Griff siehst, und verbinde sie dann mit gebogenen Linien.

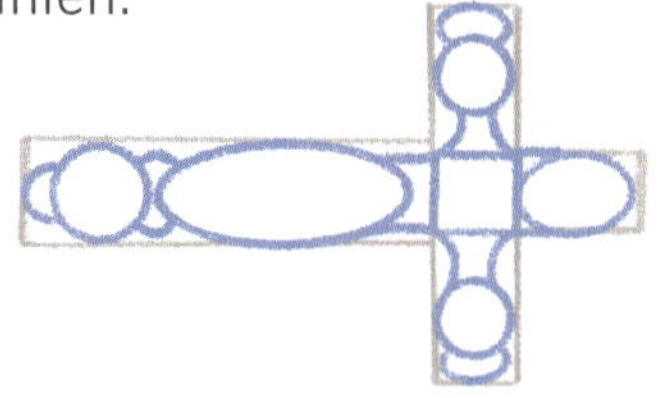

3 Zeichne einen Umriss um die Formen, die du in Schritt 2 gezeichnet hast. Radiere dann alle Linien innerhalb des Umrisses sowie die Rechtecke aus Schritt 1 aus.

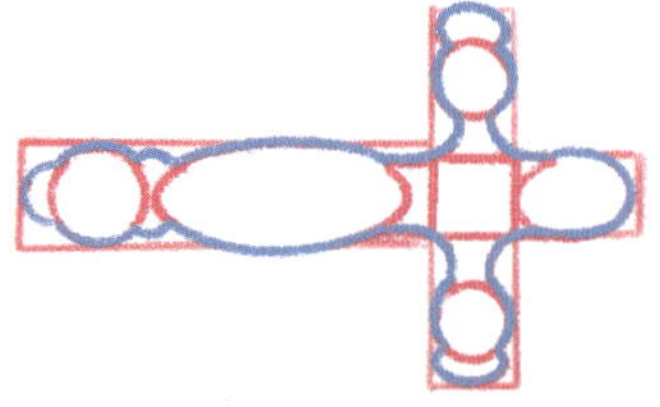

4 In den Griff des Schwertes sind Rubine eingelassen. Zeichne sie mit Kreisen und Ovalen in den Griff aus Schritt 3 ein.

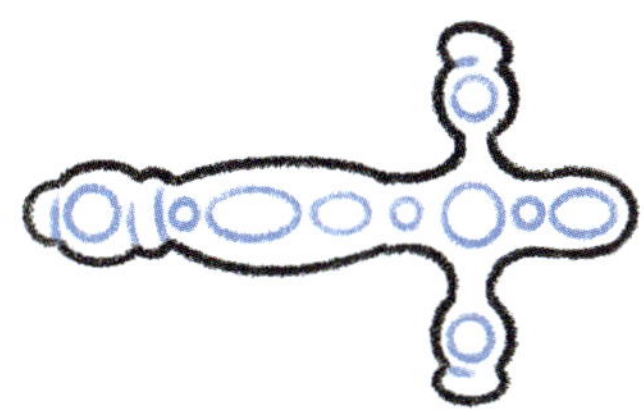

5 Zeichne zwei lange Linien für die Schwertklinge, die nach außen hin etwas enger zusammenlaufen. Für die scharfe Spitze zeichnest du ein „V", das die beiden Linien verbindet.

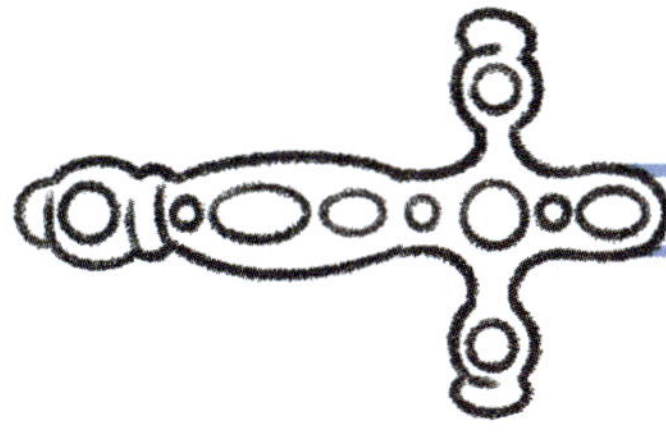

6 Drehe dein Blatt auf die Seite. Schreibe dann den Namen „Godric Gryffindor" auf die Klinge. Die Buchstaben sollten übereinander stehen, nicht nebeneinander.

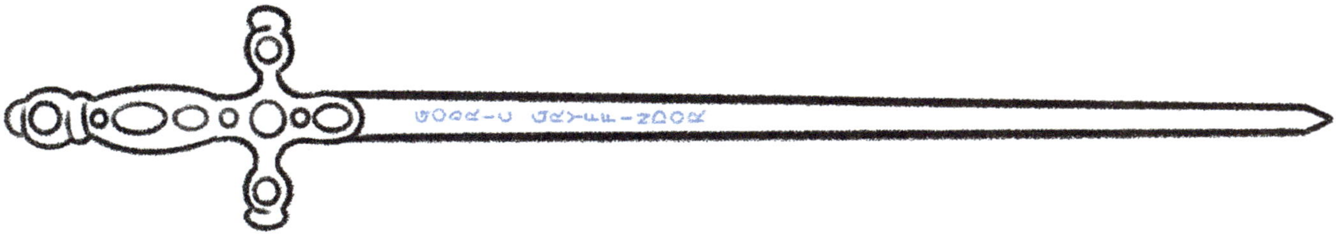

7 Fühlst du dich so mächtig wie dieses magische Schwert? Dann male die Rubine in Gryffindor-Rot und den Rest des Schwertes in glänzendem Silber an!

Lunas Gespensterbrille

Mit der Gespensterbrille kann Luna Lovegood Schlickschlupfe sehen – unsichtbare magische Wesen, die die Gedanken ihrer Opfer durcheinanderbringen. Falls dir schon schummrig im Kopf ist – keine Sorge! Die Hilfslinien sind zwar wichtig, um die einzelnen Schritte zu visualisieren, aber in der fertigen Zeichnung sind sie so unsichtbar wie Schlickschlupfe!

1 Zeichne zunächst einen Kreis in einem Kreis wie bei Harrys Brille und dann einen weiteren Kreis in einen Kreis direkt daneben.

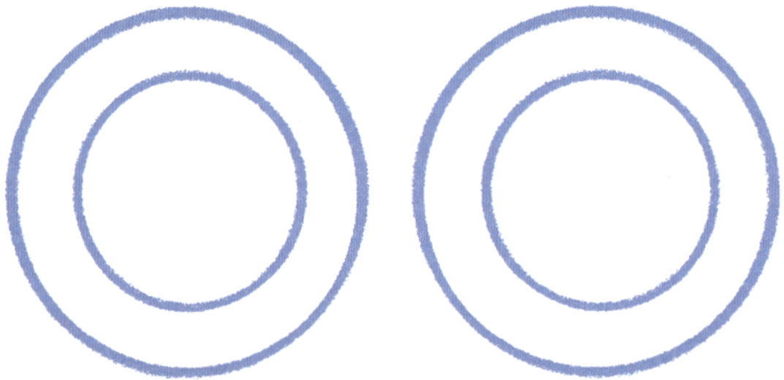

2 Wie weit sollen die Ränder der Gespensterbrille nach außen gehen? Wenn du das weißt, zeichne je eine gebogene Hilfslinie außerhalb der größeren Kreise. Diese Hilfslinien brauchst du im nächsten Schritt!

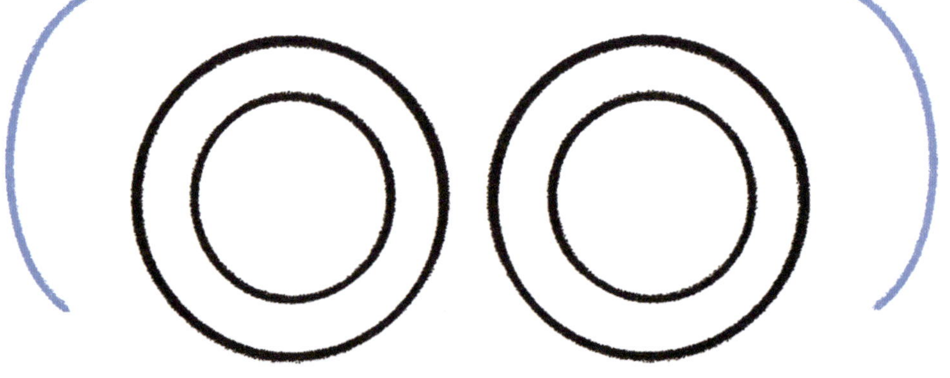

3 Zeichne an der Außenkante jedes Kreises eine Linie mit fünf Höckern für die Ränder der Brille. Die Spitze jedes Höckers sollte die in Schritt 2 gezeichneten Leitlinien berühren.

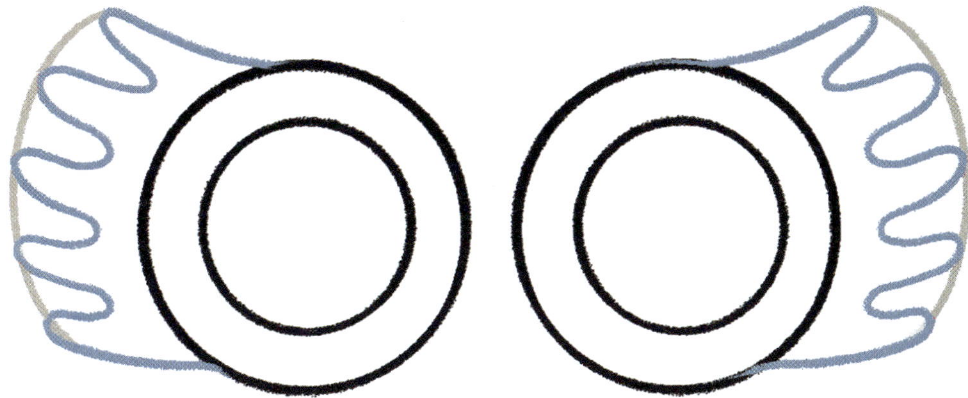

4 Verbinde die beiden größeren Kreise mit zwei gebogenen Linien. Überarbeite dann deine Zeichnung und radiere alle Linien aus, die du nicht brauchst – auch die Hilfslinien!

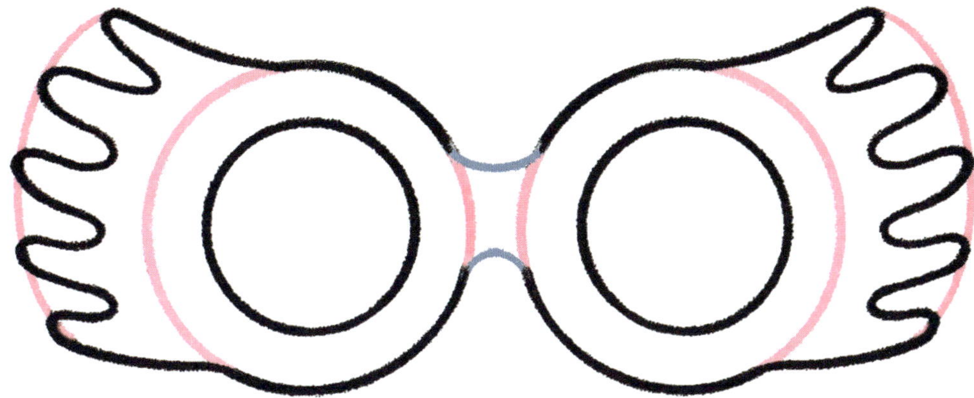

5 Bist du bereit für die magischen Brillengläser? Zeichne je einen kleinen Kreis in die Mitte der Gläser. Zeichne dann Spirallinien, die vom Kreis aus zum Rand verlaufen.

6 Die Rahmen von Lunas Gespensterbrille sind mit Sternen und Sternenstaub verziert. Aber du kannst dein Exemplar ganz nach deinen eigenen Vorstellungen dekorieren!

7 Gespensterbrillen sind bunt und glitzernd, also schnapp dir deine Farben und entdecke die Magie!

ZEITUMKEHRER

Mit einem Zeitumkehrer kann man in der Zeit zurück reisen. Hermine Granger benutzt einen, um im dritten Film zusätzliche Kurse zu belegen! Wünschst du dir auch einen Zeitumkehrer, damit dir mehr Zeit zum Zeichnen bleibt? Übe zu Beginn jeder Zeichnung die schwierigsten Teile auf Schmierpapier, um deine Fertigkeiten zu verbessern.

1 Zeichne einen Kreis. Wenn er perfekt rund sein soll, fährst du mit dem Bleistift am Rand einer Tasse entlang oder du verwendest eine Kreisschablone.

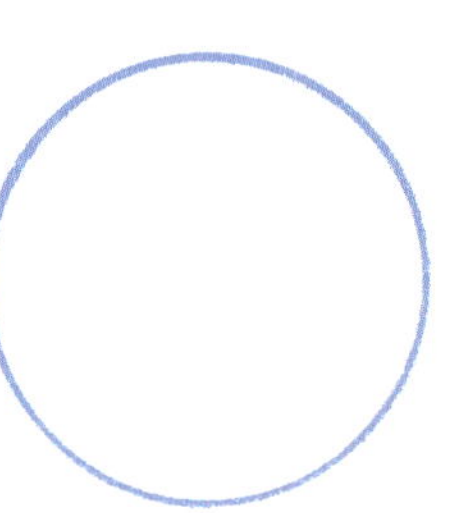

2 Zeichne zwei weitere Kreise um den ersten Kreis herum. Beachte, dass der Abstand zwischen den Kreisen nicht gleich groß ist.

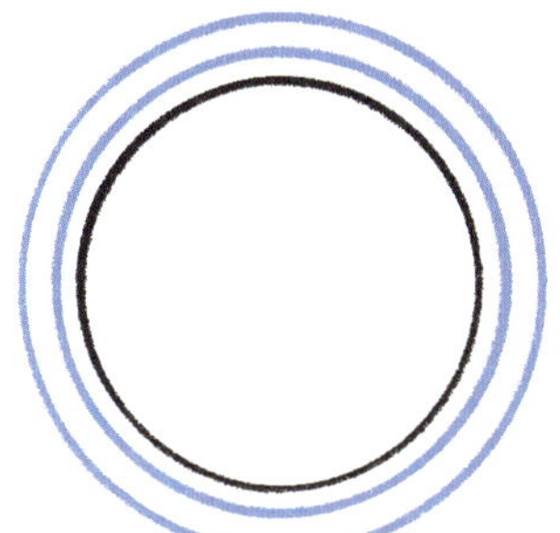

3 Zeichne zwei weitere Kreise um die ersten drei herum. Achte auf den Abstand zwischen den einzelnen Kreisen.

4 Zeichne zwei horizontale Linien zu beiden Seiten des Zeitumkehrers und setze sie zwischen den Kreisen fort wie abgebildet. Rechts und links außen schließt du die horizontalen Linien mit je einem Halbkreis ab. Dann zeichnest du oben rechts und links der Mitte je zwei Bogen; sie bilden die Ösen für die Kette.

5 Zeichne nun die Details in der Mitte des Zeitumkehrers ein. Beginne mit einer Sanduhrform. Zeichne dann vier Ovale auf jeder Seite davon. Versuche, das Muster auf Schmierpapier nachzuzeichnen, bevor du es auf deine Zeichnung bringst.

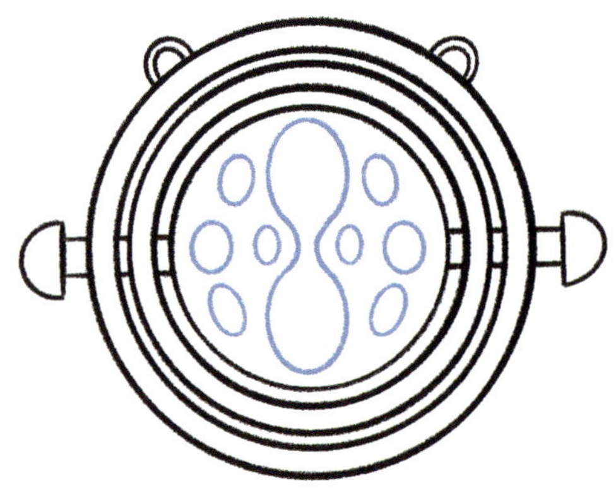

6 Zeichne eine gestrichelte Linie, um die Kette anzudeuten, die zwischen den Ösen von Schritt 4 verläuft. Stelle dann den Sand im Inneren der Sanduhr mit ungleichmäßigen Punkten und geschwungenen Linien dar.

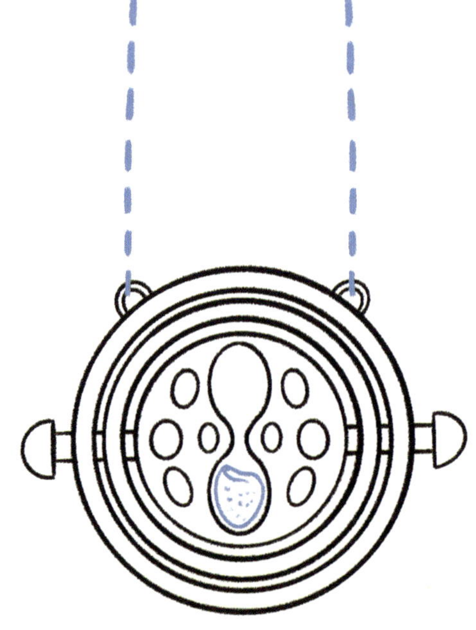

7 Für die Kettenglieder zeichnest du kleine Rechtecke in die Lücken der gestrichelten Linie aus Schritt 6.

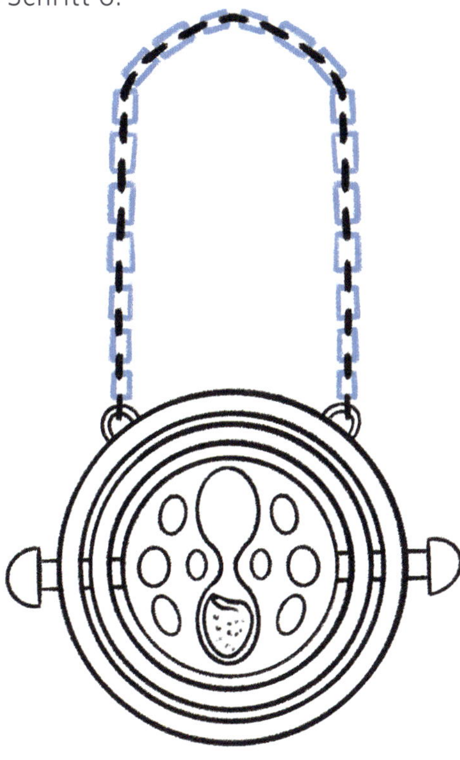

8 Herzlichen Glückwunsch, es ist an der Zeit, dass du dir auf die Schulter klopfst! Was würdest du tun, wenn du einen Zeitumkehrer hättest?

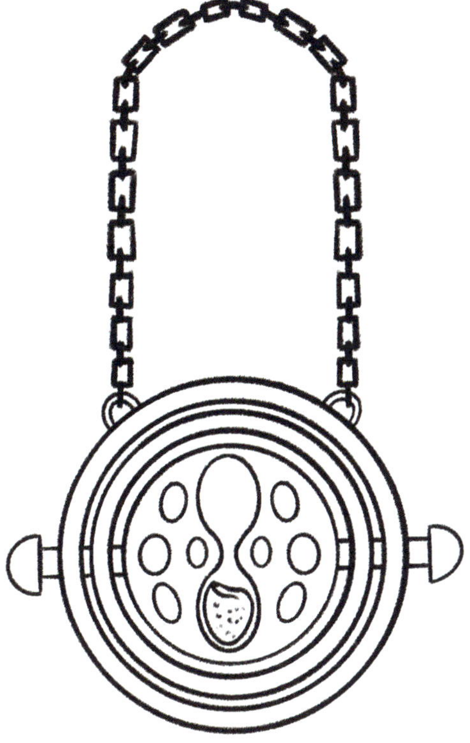

SCHOKOFROSCH-SCHACHTEL

In jeder Schokofroschschachtel befinden sich ein Frosch aus feinster Schokolade und eine Sammelkarte mit einer berühmten Hexe oder einem berühmten Zauberer. Bei dieser Zeichnung lernst du, wie man eine Form dreidimensional aussehen lässt und wie man sie verziert. Bist du startklar? Dann auf ins Abenteuer!

1 Zeichne zunächst ein Fünfeck, also eine Form mit fünf Seiten. Wenn dir die Form Schwierigkeiten bereitet, kannst du sie hier nachzeichnen oder fünf Dreiecke zeichnen, die sich in der Mitte treffen.

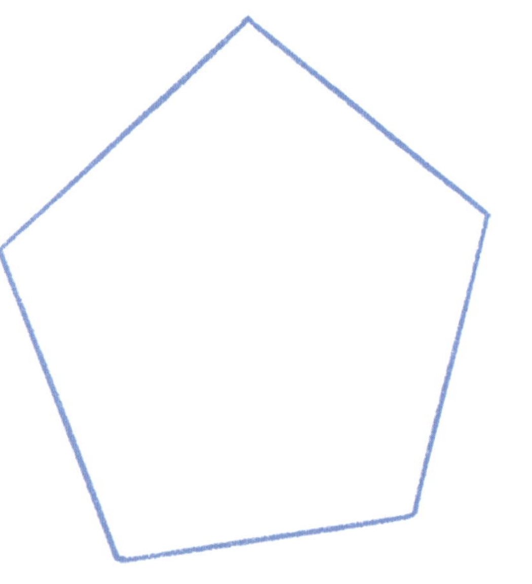

2 Zeichne auf der linken Seite zwei Linien, die parallel zum Fünfeck verlaufen. Verbinde die Linien durch drei kurzen Striche mit dem Fünfeck. Das sind die Seiten der Schachtel.

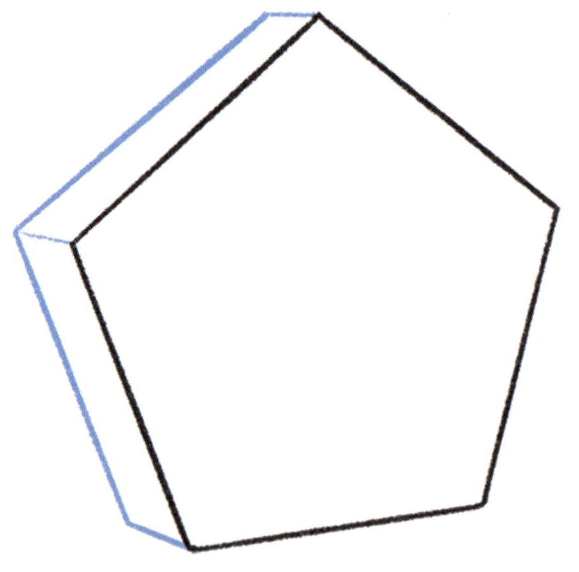

3 Damit der Deckel der Schachtel dreidimensional aussieht, zeichne einen Punkt in das Fünfeck, wie unten dargestellt. Ziehe dann von jedem Punkt des Fünfecks eine Linie zu dem Punkt.

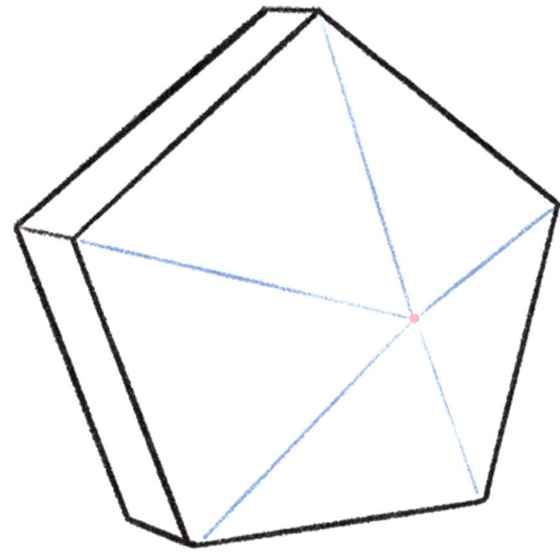

4 Zeit zu dekorieren! Zeichne einen Bogen in jedes Dreieck auf der Oberseite der Schachtel. Achte darauf, dass sich alle Bogen zu einer Blume verbinden. Dann zeichnest du eine Reihe kleinerer Bogen auf die Seiten der Schachtel.

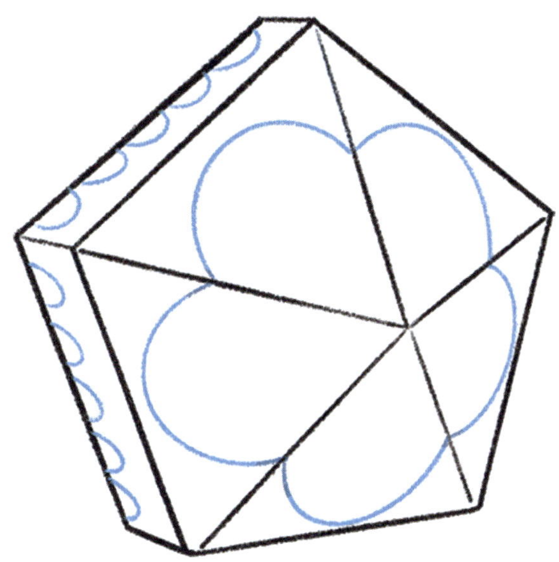

5 Zeichne ein kleineres Fünfeck in das erste und dann in jede Ecke ein Oval. Nun zeichne mit Bogen eine wolkenähnliche Form in die Blume von Schritt 4.

6 Zeit für den letzten Schliff! Mit einem Goldstift und einem blauen Filzstift sieht deine Schachtel aus wie in der Zauberwelt!

ARAGOG

Einst war die sprechende Riesenspinne Hagrids Haustier, später zog sie in den Verbotenen Wald. Als Ron und Harry ihr im zweiten Film gegenüberstehen, werden sie vom verzauberten Ford Anglia der Weasleys gerettet. Vor dieser Zeichnung musst du jedoch nicht gerettet werden. Du hast alle Fähigkeiten, um die Acromantula zu zeichnen – ein haariges Bein nach dem anderen!

1 Zeichne zunächst die Grundform des Kopfes. Füge dann oben eine gebogene Linie für den Körper hinzu.

2 Skizziere mit geraden Linien die Beine, die Kiefertaster sind leicht geschwungen. Achte darauf, wie Beine und Taster abgewinkelt sind. Überlege, wo du das vierte Beinpaar einzeichnen willst.

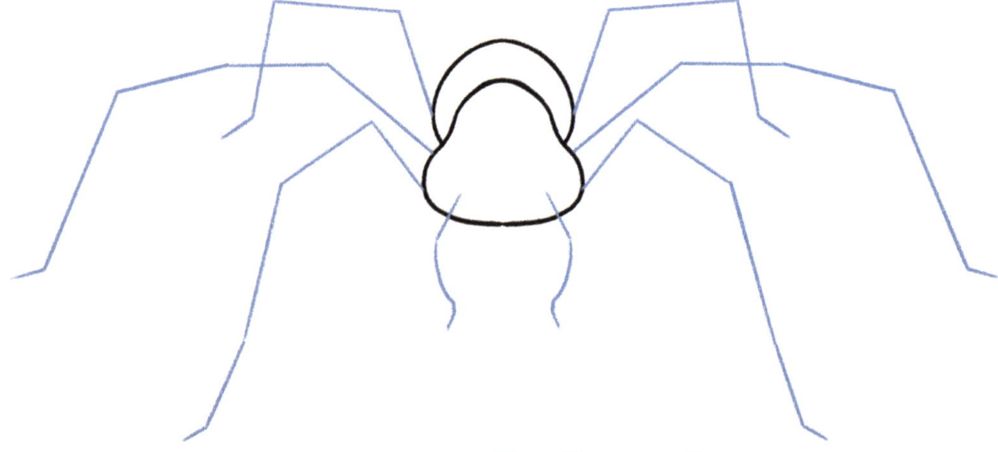

3 Zeichne an jedem Gelenk der Beine und jeder Biegung der Taster einen kleinen Kreis.

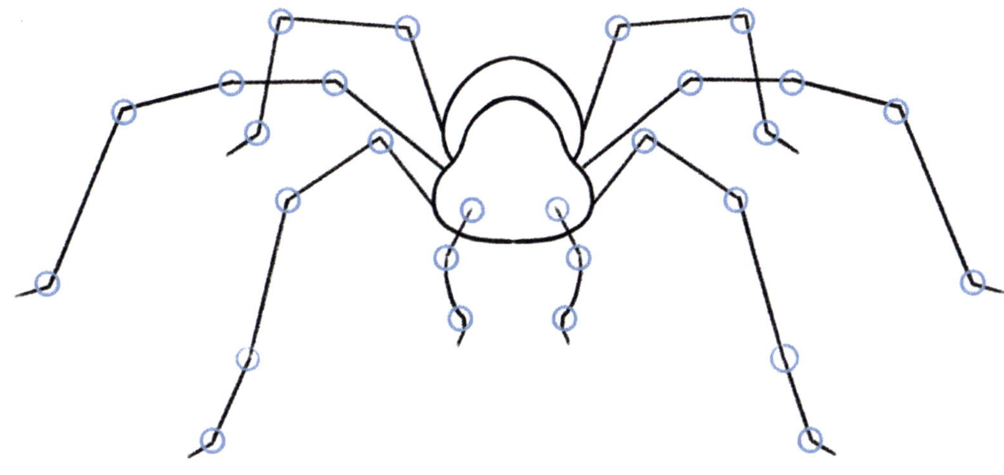

4 Beine und Taster wirken dreidimensional, wenn du um die Linien und Kreise aus Schritt 2 und 3 kräftige Umrisslinien zeichnest. Runde die Ränder der Füße ab und radiere alle Linien aus, die du nicht mehr brauchst.

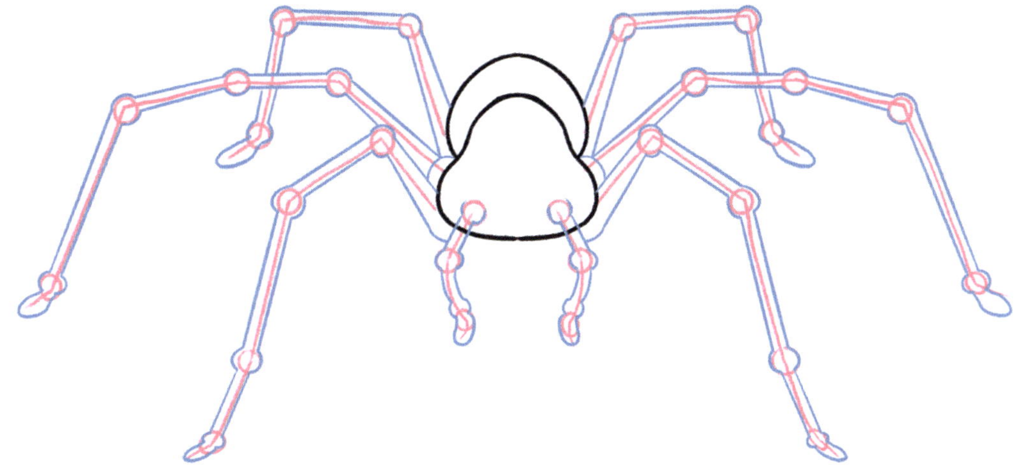

5 Ziehe die Umrisse von Kopf und Körper mit geschwungenen und gezackten Linien nach, damit sie pelzig aussehen. Zeichne dann die Kieferklauen auf das Gesicht. Achte darauf, wie sie sich an den Enden biegen.

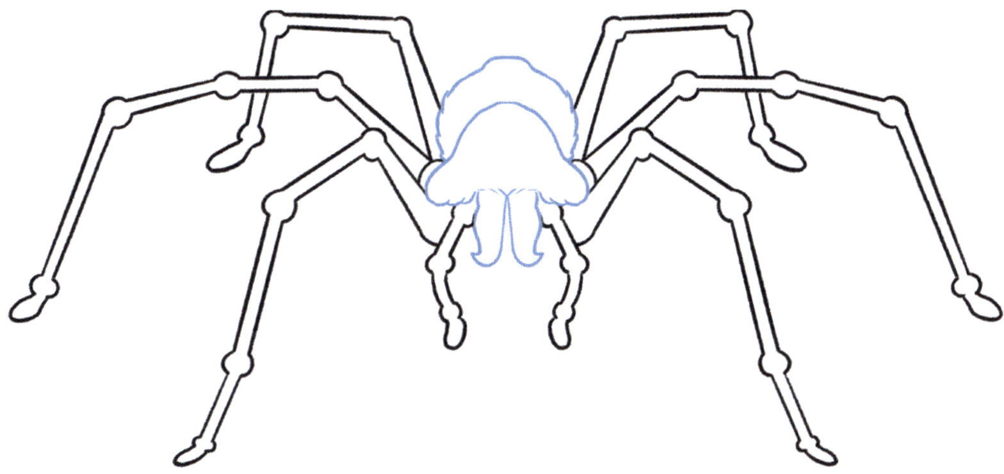

6 Zeichne die Grundformen von Aragogs unterschiedlich großen Augen. Dann ergänzt du die kurzen gebogenen Linien an der Vorderseite seines Körpers wie abgebildet.

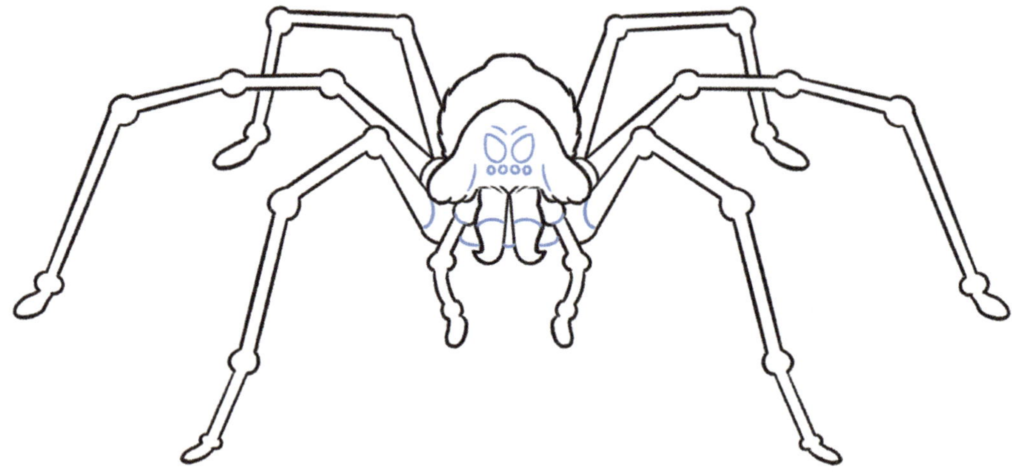

7 Zeichne viele kurze Linien auf Kopf, Körper und Gelenke, damit Aragog haarig aussieht. Dann füllst du die Augen schwarz, lässt aber in jedem Auge einen kleinen weißen Punkt als Lichtreflex.

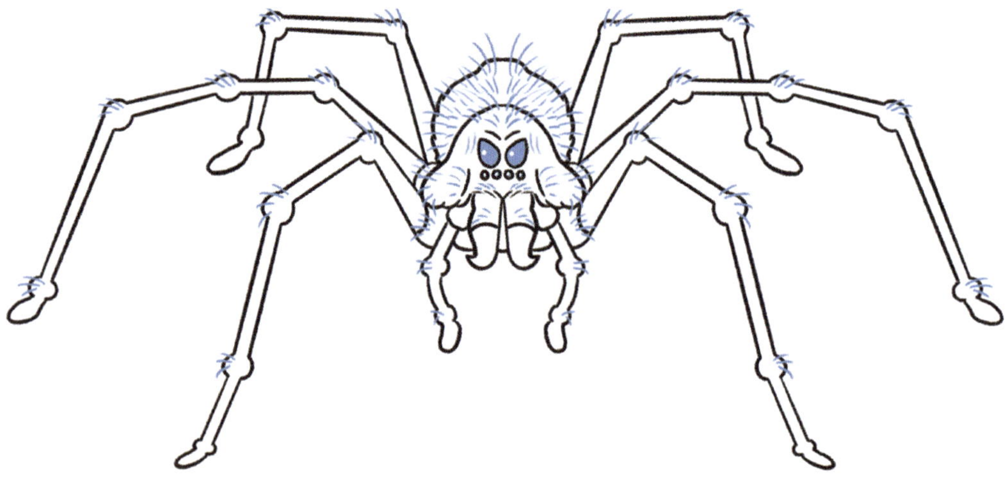

8 Schraffiere Aragog mit langen, schnellen Bleistiftstrichen. Fertig ist deine erste Acromantula! Jetzt kannst du auch die übrigen Familienmitglieder im Verbotenen Wald zeichnen!

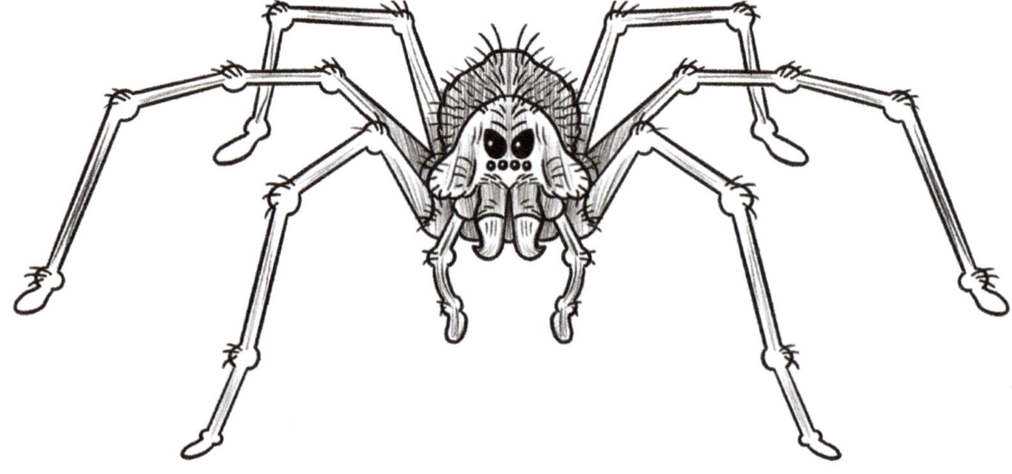

KRUMMBEIN

Krummbein ist Hermines Haustier. Der süße Kater, halb Katze, halb Kniesel, kann anderen gegenüber allerdings ziemlich garstig sein. Doch keine Sorge! Wenn du Krummbein zeichnest, bleibt er ganz still sitzen. Große Ovale und gezackte Linien lassen ihn flauschig aussehen.

1 Zeichne einen Kreis für den Kopf und dahinter ein langgestrecktes Oval für den Körper.

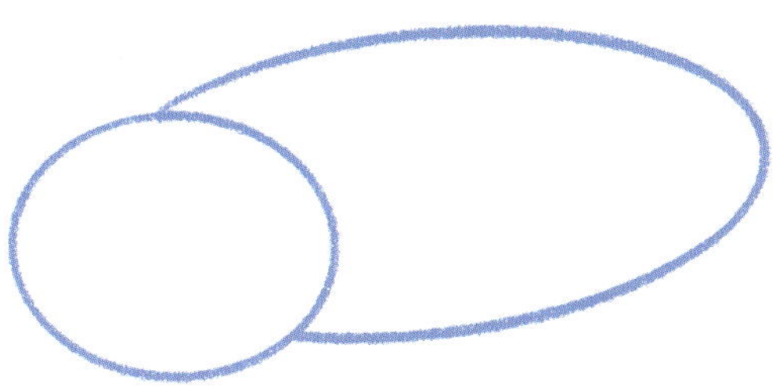

2 Füge gerade Linien für Arme, Beine und Schwanz hinzu, ähnlich wie bei einem Strichmännchen. Für die Pfoten zeichnest du Ovale in verschiedenen Größen.

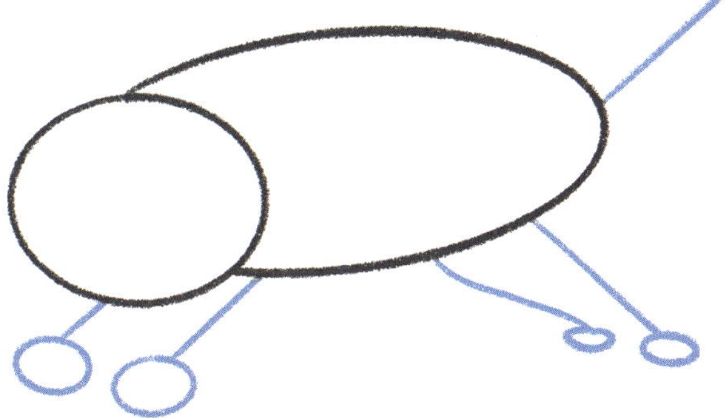

3 Zeichne den Umriss von Krummbeins Körper in gezackten und geschwungenen Linien. Beachte, dass die Zacken auf dem Rücken und am Schwanz nicht so kleinteilig sind wie an den Vorderbeinen und im Gesicht. Die Innenseiten der Pfoten zeichnest du in geschwungenen Linien.

4 Ergänze wie abgebildet die flauschige Schulter und das obere Ende des Hinterbeins. Anschließend zeichnest du den Kopf samt Ohr. Prüfe, ob beide Ohren etwa gleich groß sind.

5 Für das flauschige Fell zeichnest du kleine Büschel aus kurzen Linien. Achte darauf, dass die Linien in jedem Büschel in der gleichen Richtung verlaufen.

6 Nun kommt das Gesicht. Zeichne die Augen als Kreise mit kleinem weißen Punkt, darüber je eine Bogenlinie. Die Schnauze ist ein umgedrehtes „U", die Nase ein kleines „V", der Mund ein etwas größeres umgedrehtes „V". Vergiss nicht die Schnurrhaare!

7 Prüfe die Proportionen von Krummbein und stelle sicher, dass der Kopf nicht zu groß oder zu klein für den Körper ist. Radiere überflüssige Linien aus und male den Kater orange und braun an!

HEDWIG

In der Zauberwelt werden Botschaften von Eulen übermittelt. In der Welt des Zeichnens kannst du Informationen durch die Form deiner Linien vermitteln. Eine gekrümmte Linie kann einen Flügel oder einen Kopf darstellen. Eine u-förmige Linie und ein kurzer Strich können wie Federn aussehen. Mal sehen, wie viele verschiedene Linien du bei der Zeichnung von Harrys Schneeeule verwendest …

1 Zeichne einen Kreis für den Kopf und dann zwei gekrümmte Hilfslinien innerhalb des Kreises. Sie helfen dir, einen räumlichen Eindruck zu bekommen, und deuten Hedwigs Flugrichtung an.

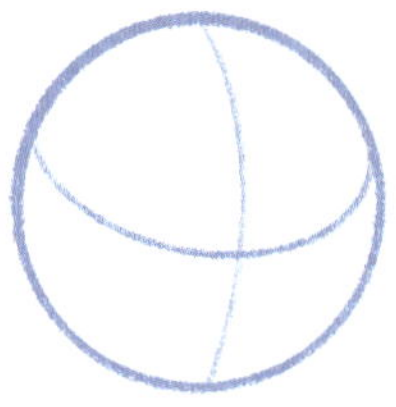

2 Skizziere die restlichen Grundformen, die Hedwigs Körper bilden. Verwende ein halbes Oval für den Körper, zwei Linien für die Beine und kleine Ovale für die Füße.

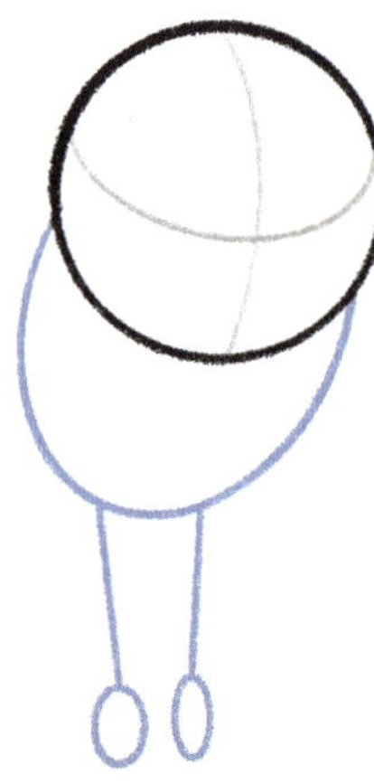

3 Zeichne die Grundformen der Flügel und Schwanzfedern. Verwende große, geschwungene Linien. Beachte, wo jede neue Linie mit dem Körper verbunden ist.

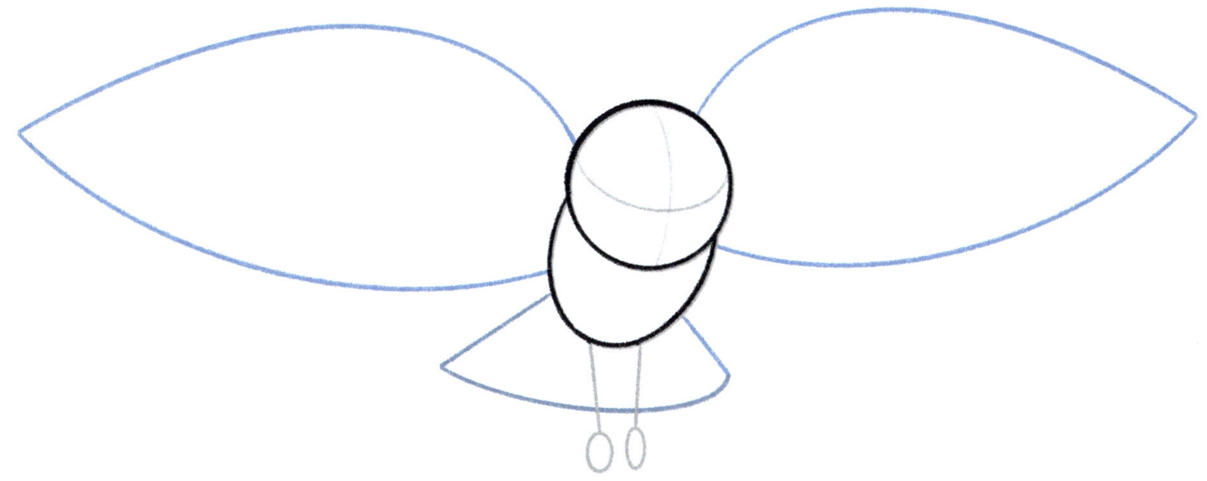

4 Überarbeite die Umrisslinien der Flügel: An den Oberseiten zeichnest du geschwungene Linien, an den Unterseiten u-förmige Linien als Federn. Danach zeichnest du Beine und Füße wie abgebildet.

5 Für die Schwanzfedern zeichnest du eine Reihe „V"s an den unteren Rand der Schwanzform aus Schritt 3. Dann verbindest du die oberen Enden jedes „V"s durch gerade Linien mit dem Körper.

6 Zeichne große geschwungene und kleine u-förmige Linien für Flügel und Klauen. Skizziere Augen und Schnabel wie abgebildet. Danach radierst du die roten Hilfslinien aus.

7 Kurze Linien markieren die Sprenkel am Bauch und im Gesicht. Für die Augen zeichnest du ein dickeres Oval am Rand und einen kleinen Punkt in die Mitte. Der Zwischenraum bleibt weiß.

8 Nun ergänzt du die Details an den Flügeln wie abgebildet. Beachte, dass die langen Linien zur Flügelmitte hin verlaufen.

9 Nun schattierst du die Schwanzfedern, die Oberschenkel und die Unterseiten der Flügel. Zum Schluss malst du Hedwigs Augen gelb und ihren Schnabel schwarz aus.

HIPPOGREIF

Diese Zeichnung wird sagenhaft, versprochen! Denn Hippogreife wie Seidenschnabel sind halb Adler, halb Pferd. Am Beispiel dieser magischen Kreatur kannst du wunderbar das Zeichnen von Oberflächenstrukturen üben. Die Adlerhälfte ist mit Federn bedeckt, die Pferdehälfte mit Fell. Um diesen Kontrast zu verdeutlichen, verwendest du verschnörkelte und geschwungene Linien für die vordere Hälfte und gerade Linien für die hintere Hälfte.

1 Diese magische Kreatur beginnt mit zwei Kreisen für den Körper und einem Oval für den Kopf. Verbinde die Formen mit zwei geraden Hilfslinien, die sich in der Mitte des linken Kreises überkreuzen.

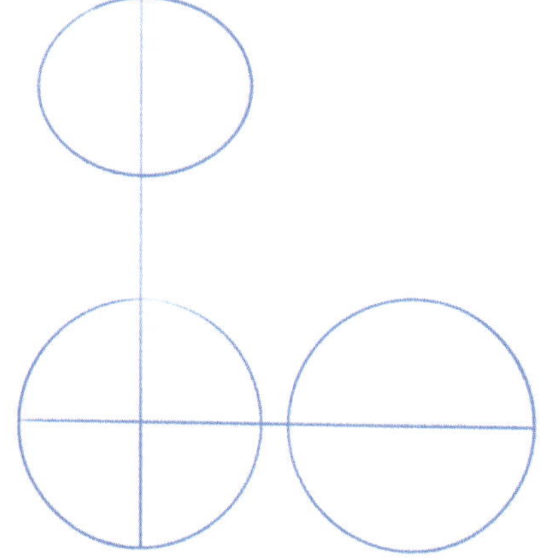

2 Verbinde das Oval und den linken Kreis mit einer welligen Linie. Zeichne dann das Auge und die Augenbrauen. Skizziere den Schnabel unten rechts am Oval mit gekrümmten Linien. Zeichne darunter eine Wellenlinie für den Hals.

3 Zeichne am unteren Rand jedes Kreises in der Nähe der Hilfslinien je ein Bein. Verwende Wellenlinien für den Bauch und das Vorderbein, aber glatte Linien für das Hinterbein.

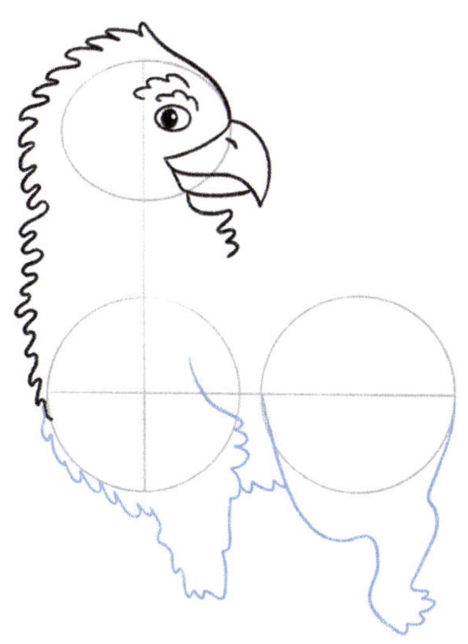

4 Ergänze die halbverdeckten Beine. Dann zeichnest du für die Oberseite des Flügels eine lange, geschwungene Linie, die über den hinteren Teil des Körpers hinausragt.

5 Gestalte die Unterseite des Flügels mit einer Linie aus flachen Bogen. Danach zeichnest du mit langen „U"s und geschwungenen „V"s einen Huf an das Hinterbein sowie Krallen und Klauen an die Vorderbeine

6 Wo der Flügel auf das Bein trifft, stellst du den Pferdeschweif mit langen, geschwungenen Linien dar. Dann zeichnest du die Oberseite des hinteren Flügels, die über dem vorderen Flügel zu sehen ist.

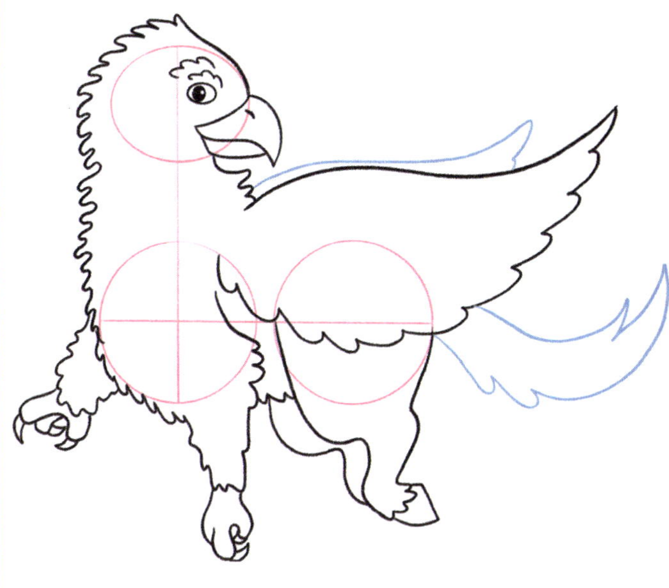

7 Nun ist die Oberflächenstruktur an der Reihe! Du kannst jede einzelne Feder auf dem Flügel zeichnen oder eine Federpracht andeuten, indem du drei Bogenreihen zeichnest. Kleiner Tipp: Drehe dein Papier zum Zeichnen auf die Seite.

8 Die Federn auf der vorderen Hälfte des Körpers sehen aus wie Büschel aus kleinen „W“s. Wenn du hier und da Federbüschel zeichnest, entsteht der Eindruck, dass der Körper mit Federn übersät ist!

9 Zum Schluss radierst du alle überflüssigen Linien aus. Schattierungen und Schraffuren verleihen dem Federkleid eine dreidimensionale Wirkung. Welche Farben willst du für deinen Hippogreif verwenden?

THESTRAL

Harry trifft im fünften Film zum ersten Mal auf einen Thestral. Diese ausgemergelten Pferde mit reptilienartigen Gesichtern und fledermausähnlichen Flügeln leben im Verbotenen Wald. Sie sind normalerweise nur für Menschen sichtbar, die jemanden sterben gesehen haben – aber keine Angst, deinen Thestral kann jeder sehen! Achte beim Zeichnen auf die zarten Linien und überlege, mit welchen Details du deinen Thestral einzigartig gestalten kannst.

1 Beginne mit den Grundformen – einem Oval für den Kopf, einem Rechteck für den Körper und einem kleineren Oval für das hintere Ende. Verbinde dann Kopf und Körper mit einer geraden Linie.

2 Skizziere die Flügel, die vier Beine und den Schwanz mit einer Kombination aus geraden und gekrümmten Linien.

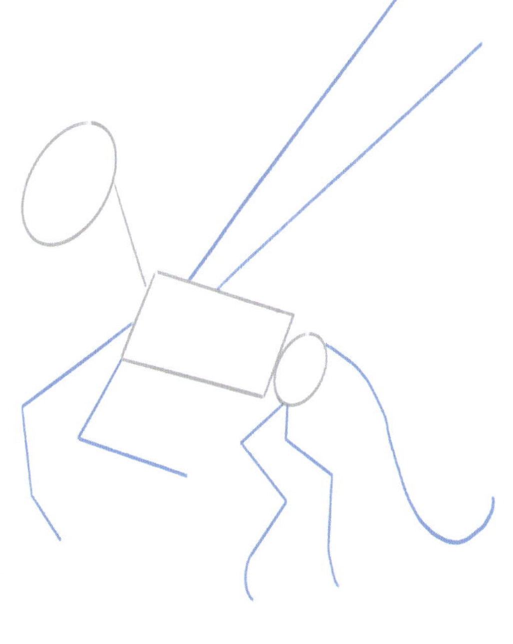

3 Skizziere mit geraden Linien die Drachenformen der Flügel rund um die Hilfslinien von Schritt 2. Siehst du, wie der vordere Flügel einen Teil des Flügels dahinter verdeckt?

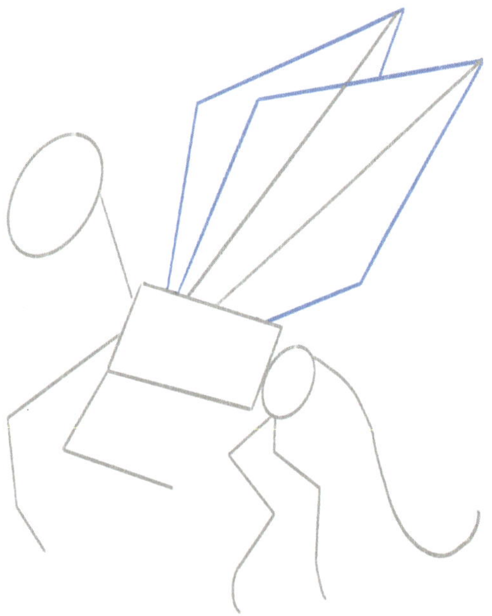

4 Zeichne den Umriss des Körpers um die Strichfigur, die du in Schritt 2 skizziert hast. Lasse dir Zeit und achte auf die verschiedenen Details wie die Kurven um das Gesicht und die bogenförmigen Ränder der Flügel.

5 Zeichne für das Auge drei Kreise ineinander. Skizziere an jedem Ende eine dreieckige Form. Füge dann eine Brauenlinie über dem oberen Dreieck und geschwungene Linien für das Nasenloch und die Wangenknochen hinzu.

6 Deute mit Kurven die Einbuchtungen an Bauch, Brust und Gesicht an, um dem Thestral sein knochiges Aussehen zu verleihen. Zeichne dann Wellenlinien entlang der Wirbelsäule und dornige Details an Flügeln, Schnauze und Knöcheln. Vergiss den Mund nicht!

7 Deute mit weiteren Bogen die Rippen, die Kniescheiben und die Details an den Hufen und am Hals an. Schattiere dann das Nasenloch und das Auge.

8 Zeichne mit geschwungenen Linien die Flügelknochen ein. Beachte, dass jede Linie an der gleichen Stelle beginnt und an einem anderen Punkt des Flügels endet.

9 Ziehe dann die Linien für die Flügelknochen nach. Füge die Knochen hinzu, die entlang der Flügeloberseiten verlaufen. Zeichne geschwungene Linien, wo der Vorderflügel auf den Körper trifft.

10 Geschafft! Thestrale haben eine glatte, dunkle Haut. Teste auf Schmierpapier, mit welchen Stiften du ihre Haut glänzend und geisterhaft erscheinen lassen kannst!

DOBBY

Dobby, der Hauself, hat zwar zuerst der Familie Malfoy gedient, aber gegenüber Harry Potter war er am loyalsten. Kein Wunder, denn Harry hat den Elfen immer liebevoll behandelt – und Lucius Malfoy dazu gebracht, Dobby die Socke zu schenken, durch die er im zweiten Film die Freiheit erlangte! Mal sehen, welche Tricks du beim Zeichnen so drauf hast ...

1 Dobbys Kopf ist zunächst ein Rechteck mit abgerundeten Ecken. Unterteile es mit zwei Linien, die sich in der Mitte kreuzen.

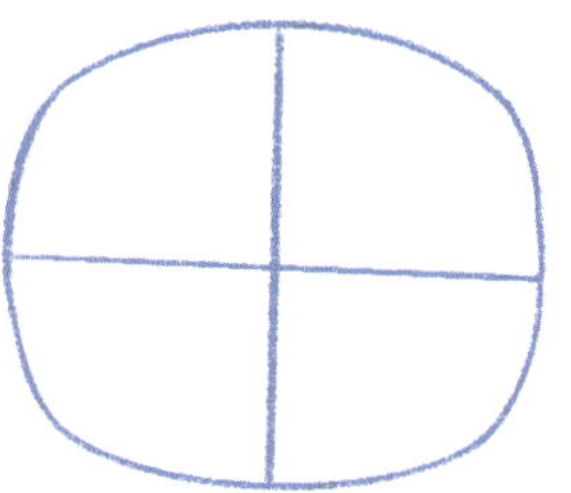

2 Zeichne für den Körper eine Art Tonne mit einer langen, geraden Linie oben, einer kürzeren, geraden Linie unten und gebogenen Linien an den Seiten. Mache dann zwei gerade Hilfslinien, die sich im oberen Bereich überkreuzen.

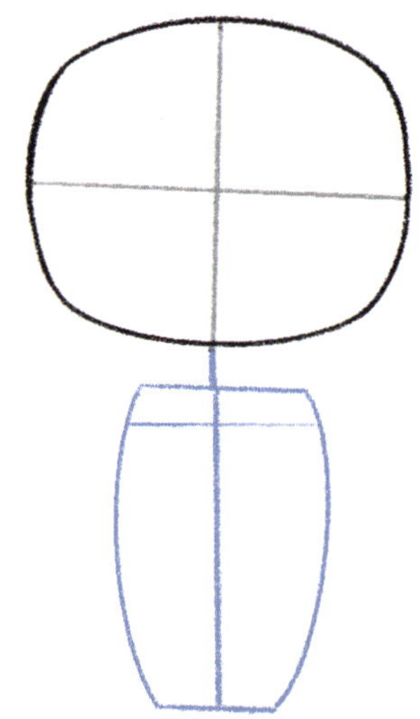

3 Zeichne gerade Linien für die Arme und Beine sowie Kreise für die Ellbogen. Dobbys Füße zeichnest du wie abgebildet.

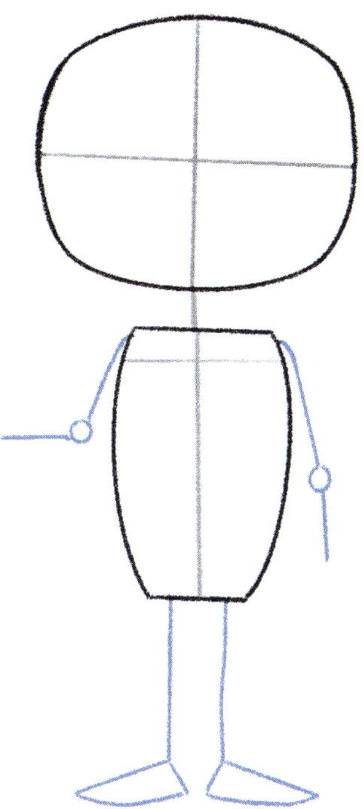

4 Nun skizzierst du die Hände. Die rechte Hand ist geformt wie ein Drachen, die linke besteht aus tränenförmigen Fingern. Dobbys Socke deutest du mit einer geschwungenen Linie an.

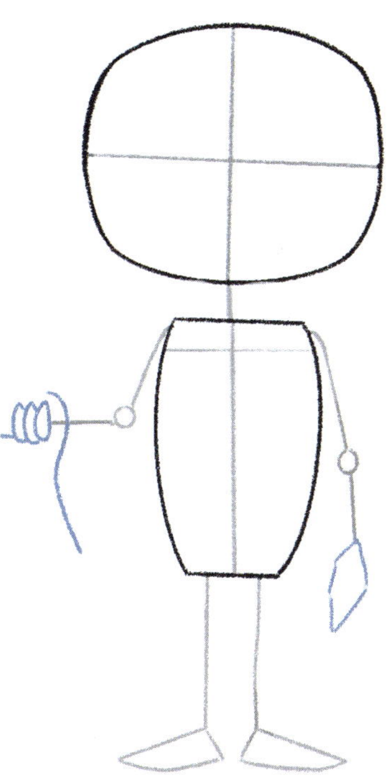

5 Zeichne die Grundformen der Ohren und den Umriss von Dobbys Körper. Sein Gewand ist kastenförmig, aber die Linien an seinen Armen, Beinen, Fingern und Zehen sind geschwungen. Vergiss die Socke nicht!

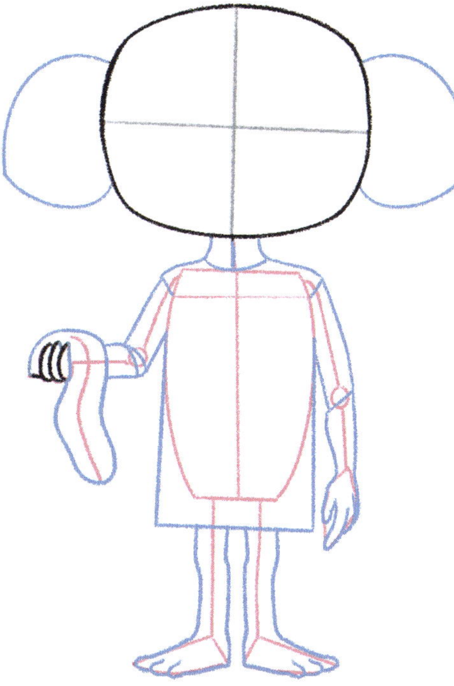

6 Mache zwei große Kreise für die Augen. Achte darauf, dass die waagerechte Hilfslinie genau durch deren Mitte verläuft. Skizziere dann den Knoten, der das Gewand über Dobbys Schulter zusammenhält, mit gezackten und geschwungenen Linien.

7 Überarbeite die Umrisse, um ihre Form zu betonen, und zeichne die Falten an Dobbys Ohren. Gezackte und geschwungene Linien lassen sein Gewand alt und zerschlissen aussehen.

8 Male Dobbys Augen aus und ergänze die Details im Gesicht. Es kann hilfreich sein, einen Ausgangspunkt festzulegen (z. B. die Nase) und alle Details um diesen Punkt herum zu zeichnen. Am Ende radierst du die Hilfslinien aus.

9 Füge weitere Details wie die geschwungenen Linien in Dobbys Ohren, die Streifen an seinen Knien und die geschwungenen Linien im Stoff seines Gewands hinzu.

10 Beseitige alle überflüssigen Linien und tritt einen Schritt zurück, um die Zeichnung genau anzusehen. Jetzt, wo Dobby frei ist, kannst du jeden Hintergrund ergänzen.

HEULER

Ein Heuler ist eine magische Nachricht, die den Empfänger in der Stimme des Absenders anschreit. Der arme Ron erhält einen Heuler im zweiten Film, als seine Mutter herausfindet, dass er und Harry in Mr Weasleys fliegendem Auto nach Hogwarts kamen. Zum Glück wird dir niemand einen Heuler schicken, wenn du beim Zeichnen einen Fehler machst. Immerhin sind Fehler eine tolle Chance, neue Techniken zu erlernen!

1 Zeichne ein Quadrat. Teile es mit zwei Linien, die sich in der Mitte überkreuzen, in vier gleiche Abschnitte. Diese Hilfslinien helfen dir bei den Schritten 2 und 3!

2 Für die Umrisse des Heulers zeichnest du Abschnitt für Abschnitt die Linien nach. Wenn du die anderen Felder mit Schmierpapier abdeckst, ist es leichter.

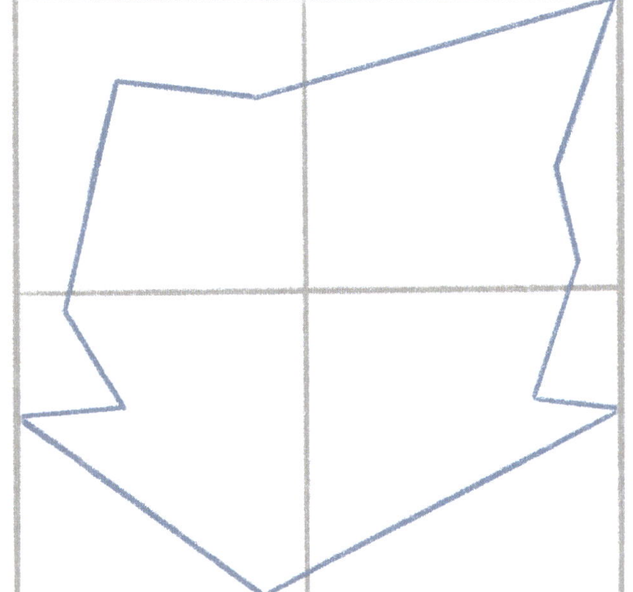

3 Kommen wir nun zu den Falten des Mauls. Gliedere diesen Schritt auf, indem du die geraden und gebogenen Linien Abschnitt für Abschnitt zeichnest.

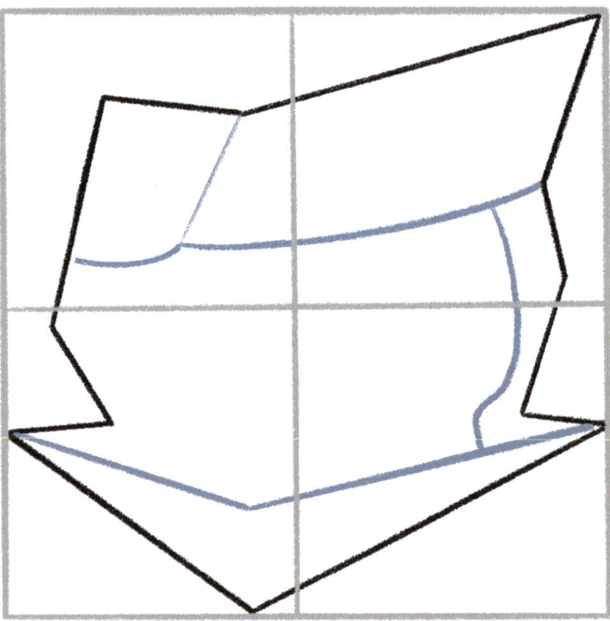

4 Zeichne die Laschen der Umschläge in den beiden oberen Feldern. Eine sieht wie eine Mondsichel aus, die andere wie ein umgedrehtes „V“. Mache zwei geschwungene Linien in die unteren Felder, um die restlichen Formen zu verbinden.

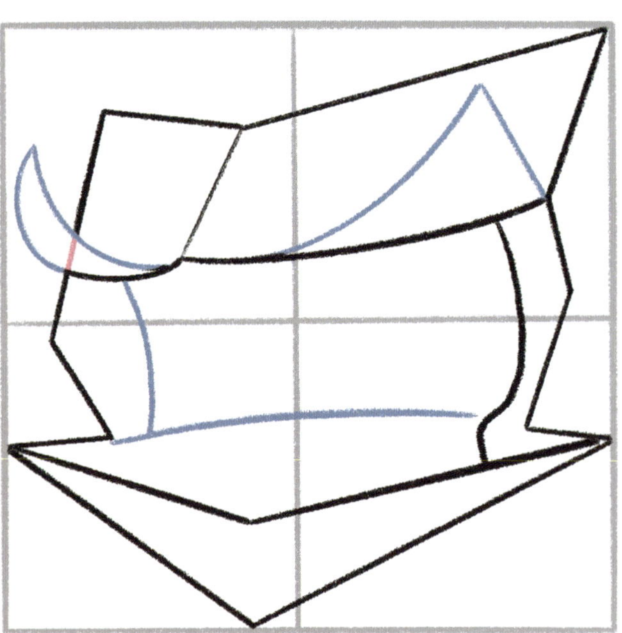

5 Stelle die Zähne mithilfe von Zickzacklinien dar. Zeichne dann eine kurze, geschwungene Linie über jeder Klappe oben am Heuler. Radiere die Hilfslinien aus, die du in Schritt 1 gezeichnet hast.

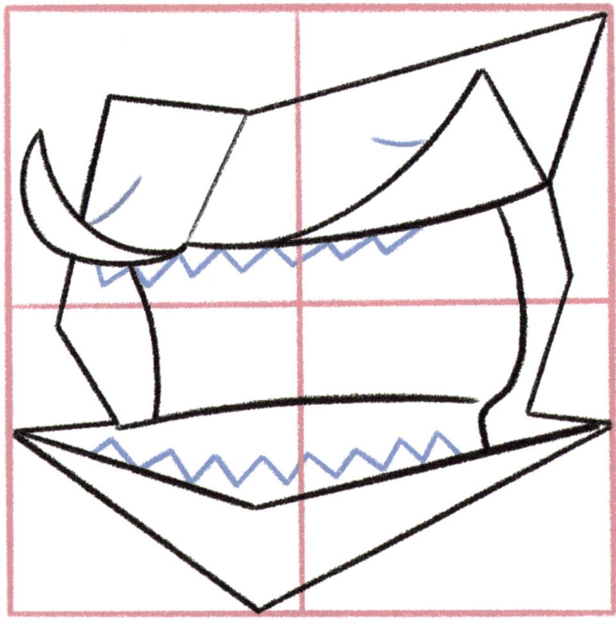

6 Für dreidimensionale Zähne ziehst du von jeder Spitze der Zacken, die du gerade gezeichnet hast, eine kurze Linie nach unten. Bei den oberen Zähnen verbindest du diese Linien mit einer weiteren Zickzacklinie. Auf der Unterseite verbindest du sie mit einem Bogen.

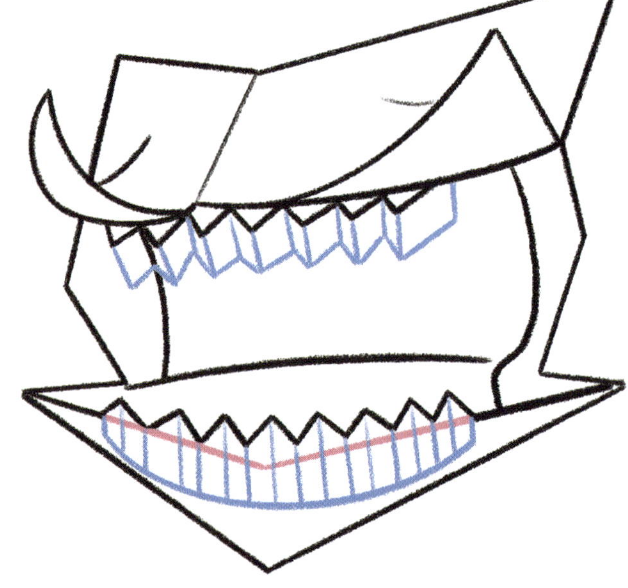

7 Mache eine schlangenförmige Linie für die Zunge, die in der Mitte nach unten ragt. Zeichne dann ein umgedrehtes „V“ an einem Ende und eine kurze, gerade Linie am anderen Ende.

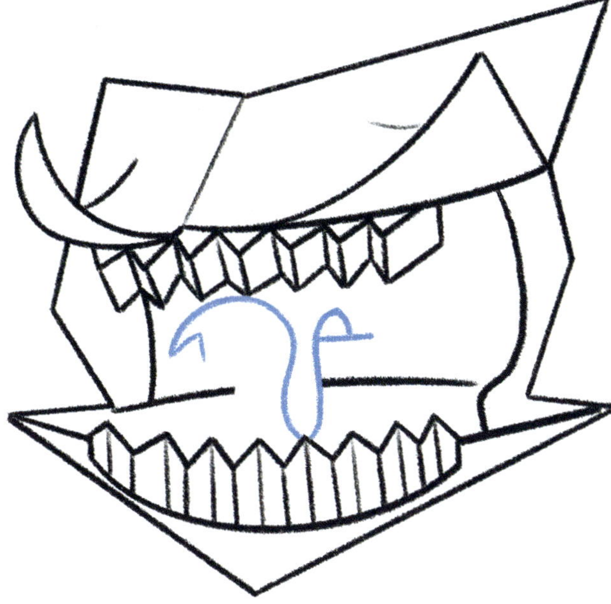

8 Zeichne zwei weitere gebogene Linien, um die Formen in der Zunge zu verbinden. Füge dann einige schnelle Detaillinien hinten am Heuler hinzu.

9 Schattiere die dunklen Bereiche des Heulers und male den Umschlag rot an. Weißt du schon, an wen du deinen ersten Heuler schickst?

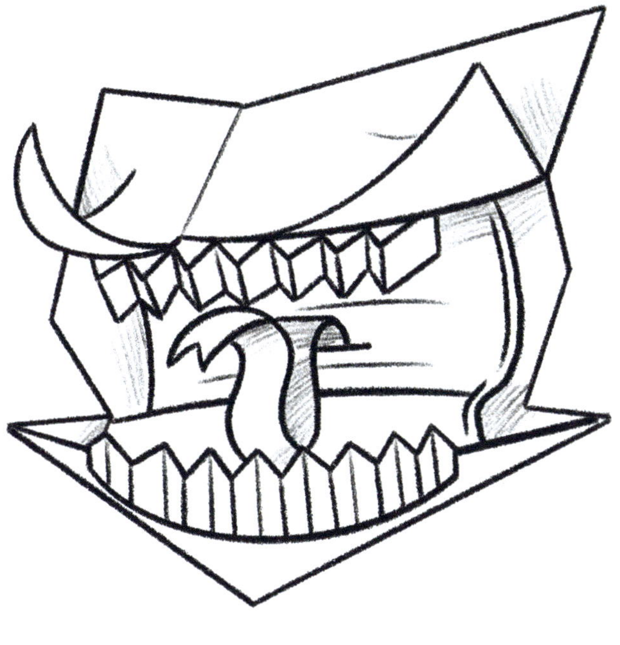

MONSTERBUCH DER MONSTER

Das Monsterbuch der Monster ist aggressiv und widerspenstig! Zum Glück zeigt Hagrid im dritten Film den Schülern einen Trick, wie es sich besänftigen lässt: Streichelt man seinen Rücken, öffnet es sich brav. Wenn du bei dieser Zeichnung das Gefühl hast, gleich auszurasten, mache eine Pause. Gehe spazieren, trinke etwas oder verlasse den Raum und zeichne später weiter!

1 Zeichne zuerst das schräge, längliche Rechteck unten. Dann ziehst du von den oberen Ecken zwei leicht schräge Linien nach oben und verbindest sie mit einer geraden Querlinie.

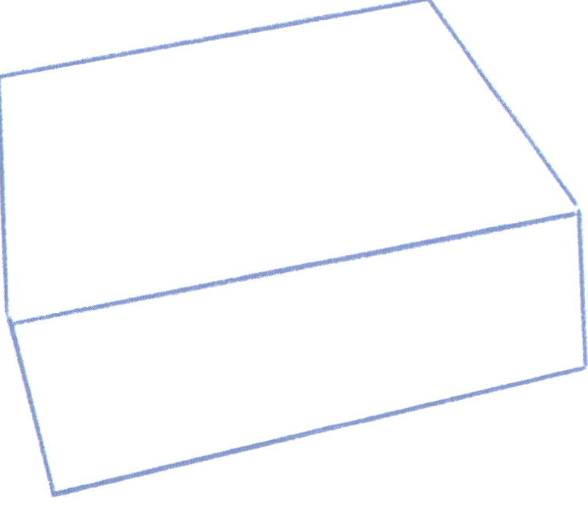

2 Die Oberseite ist pelzig, verwende also eine Kombination aus Wellenlinien und lockeren „V"- und „W"-Formen, um die Haare darzustellen. Achte darauf, dass du vorne einen Teil für den Mund frei lässt.

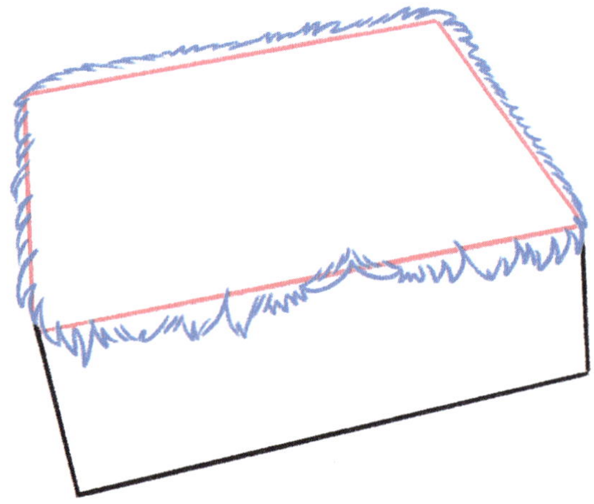

3 Zeichne einen langen, gebogenen Fangarm auf jeder Seite des Teils, den du in Schritt 2 gezeichnet hast, und dann drei kleinere Fangarme auf jeder Seite.

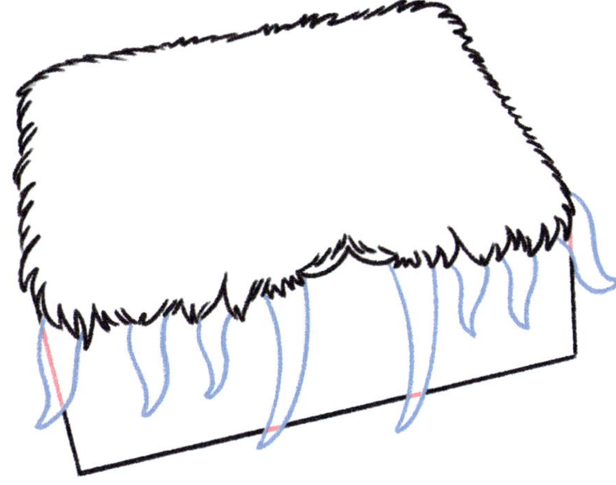

4 Für den Oberkiefer zeichnest du fünf geschwungene vertikale Linien. An der Unterseite zeichnest du zwischen jedes Linienpaar einen spitz gezackten Zahn.

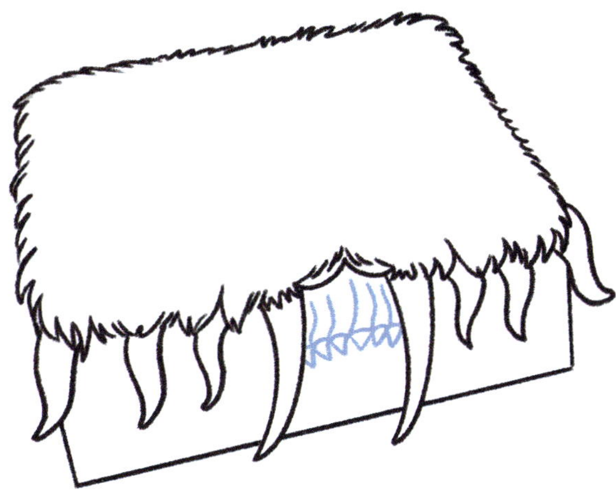

5 Beginne für die Augen mit einem Fünfeck. Die Spitze des Fünfecks sollte den Teil oberhalb des Mundes berühren. Unterteile die Form mit einer gebogenen Linie. Zeichne dann vier Kreise über dem Bogen.

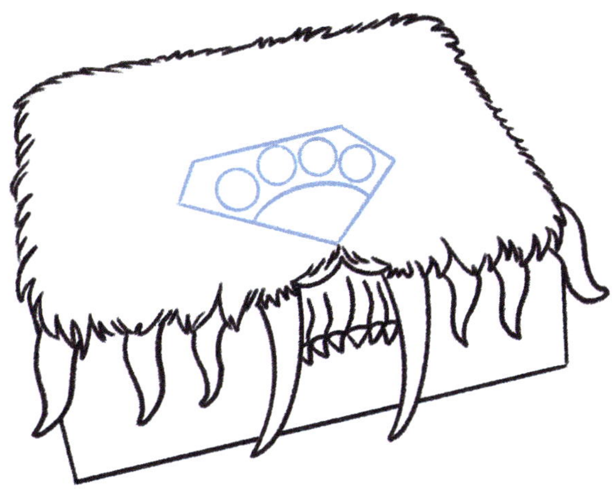

6 Mit kurzen, geschwungenen Linien wirken die Kanten des Fünfecks haarig. Zeichne dann eine gewellte Linie über den Kreisen. Stelle die Nase unterhalb der Bogenlinie mit weiteren geschwungenen Linien und Schattierungen dar. Radiere die roten Linien aus.

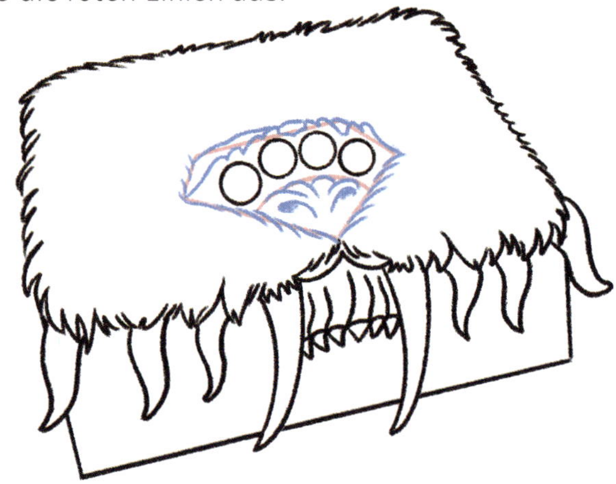

7 Zeichne fünf geschwungene Fangarme auf die Unterseite und lasse links genug Platz für die Zunge. Dann zeichnest du einen Bogen unter den Zähnen des Oberkiefers. Auf den Bogen zeichnest du die Zähne des Unterkiefers.

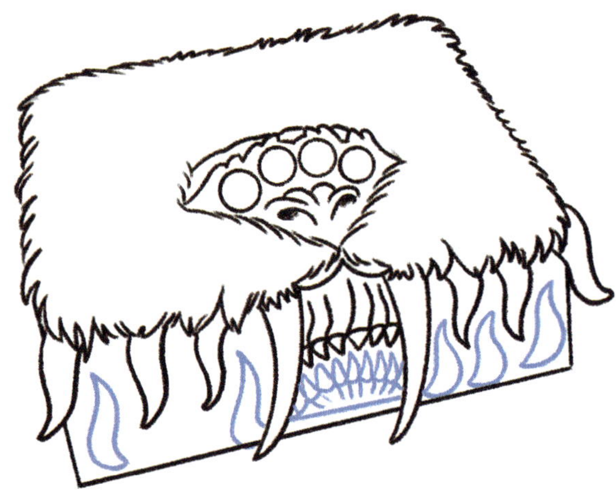

8 Sieh dir die Zeichnung unten genau an. Welche Linien verwendest du, damit der Boden des Buches pelzig aussieht? Mit welchen Linien kannst du die Seiten hinter den Fangarmen andeuten?

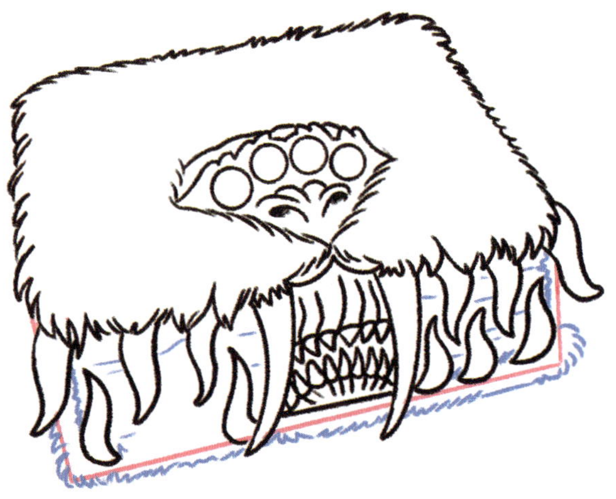

9 Zeichne mit geschwungenen Linien eine gespaltene Zunge zwischen den Fangarmen. Radiere alle Linien aus, die sie überdeckt. Male dann die Augen aus – bis auf die weißen Lichtreflexpunkte, die in jedem Auge an der gleichen Stelle sein sollten.

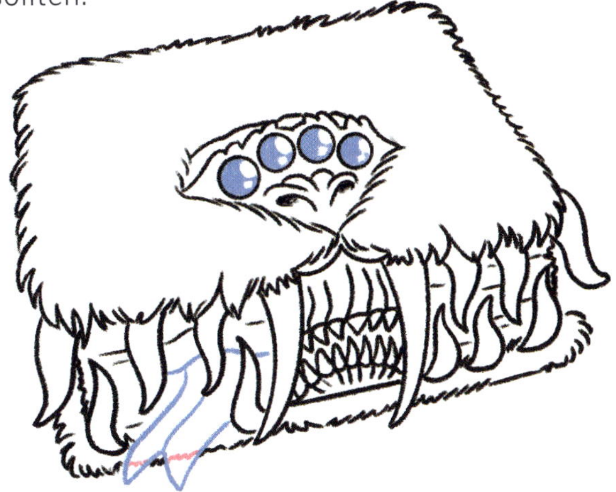

10 Deute mit kleinen Büscheln aus kurzen Linien die Haare an. Einige der Linien sehen wie „W"s aus, andere sind kurze Striche.

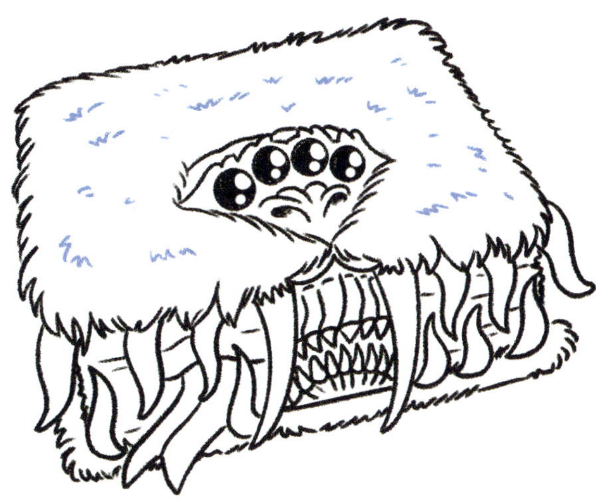

11 Radiere Flecken und Hilfslinien aus. Zeichne die Umrisslinien mit einem schwarzen Fineliner nach und überlege, mit welchen Farben du das Buch zum Leben erwecken willst.

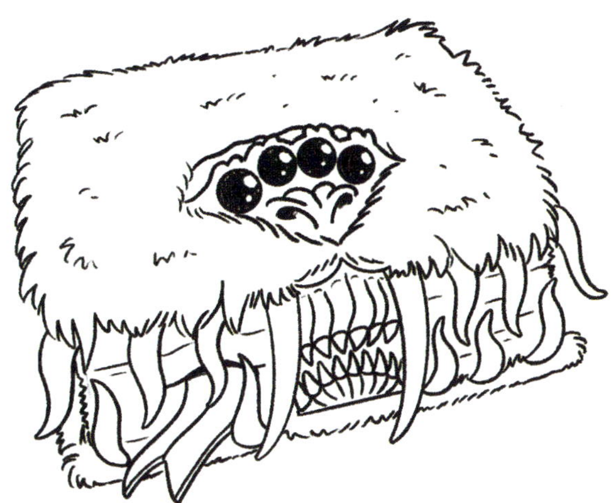

WAPPEN VON GRYFFINDOR

Gryffindors wie Harry, Ron und Hermine sind für ihren Mut, ihre Tapferkeit und ihre Entschlossenheit bekannt. Bist du mutig genug, es mit all den geraden Linien und rechten Winkeln in diesem Wappen aufzunehmen? Hier einige Tipps zum Zeichnen gerader Linien:
Falte dein Blatt in vier Abschnitte und nutze die Falten als Anhaltspunkt. Oder nimm ein Lineal, die Kante eines Buches oder eine Schachtel zu Hilfe.

1 Zeichne ein hohes Rechteck. Unterteile es dann in zwei kleine Rechtecke oben und zwei lange Rechtecke unten. Diese Hilfslinien helfen dir, den Umriss des Wappens zu zeichnen.

2 Mache eine gebogene Linie innerhalb jedes kleineren Rechtecks.

3 Überarbeite den oberen Teil des Wappens mit geschwungenen Linien. Versuche, die Linien auf der rechten und linken Seite einheitlich zu gestalten.

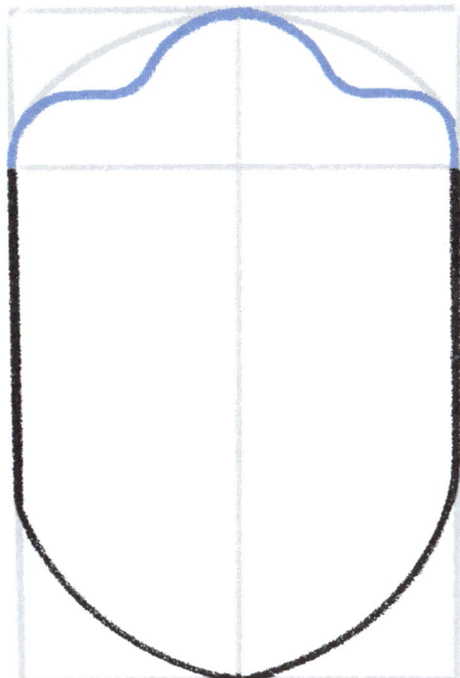

4 Ziehe den Umriss des Wappens nach, damit er wie ein Rahmen aussieht. Radiere dann die Hilfslinien aus, die du in Schritt 1 und 2 gezeichnet hast.

5 Geschafft! Mithilfe dieses Wappens kannst du auch die Wappen der Häuser auf den Seiten 50, 60 und 62 zeichnen.

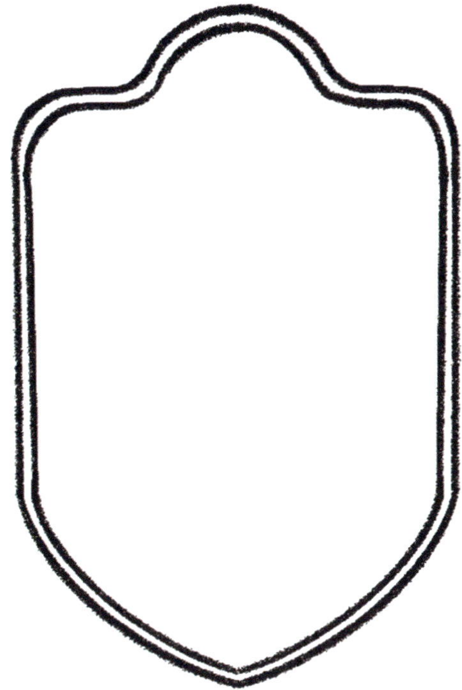

6 Beim Gryffindor-Wappen skizzierst du zuerst das Grundgerüst des Löwen: für den Kopf ein Trapez, für den Körper zwei Ovale, die du mit geraden Linien verbindest.

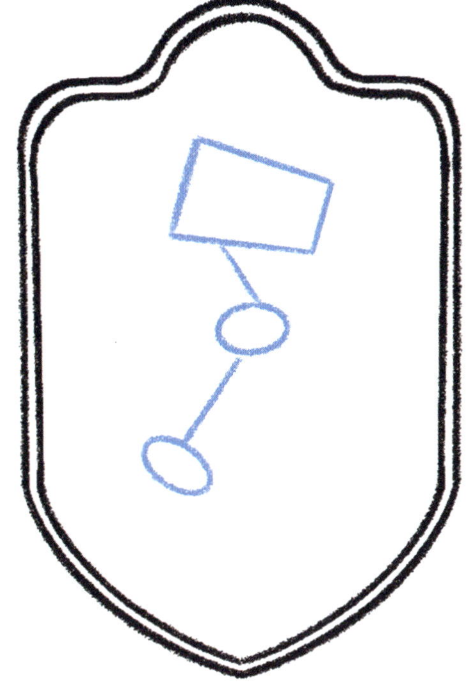

7 Arme, Beine und Schwanz skizzierst du mit leicht geschwungenen Linien. Die Hilfslinien sind so etwas wie das Skelett des Löwen.

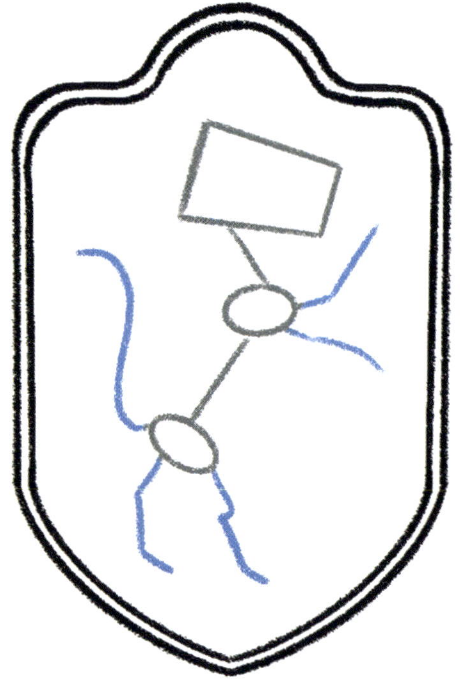

8 Zeichne die Kontur des Löwen rund um die Strichfigur, die du gerade skizziert hast, und füge am Ende des Schwanzes ein Dreieck hinzu. Radiere dann alle Linien aus, die du nicht mehr brauchst.

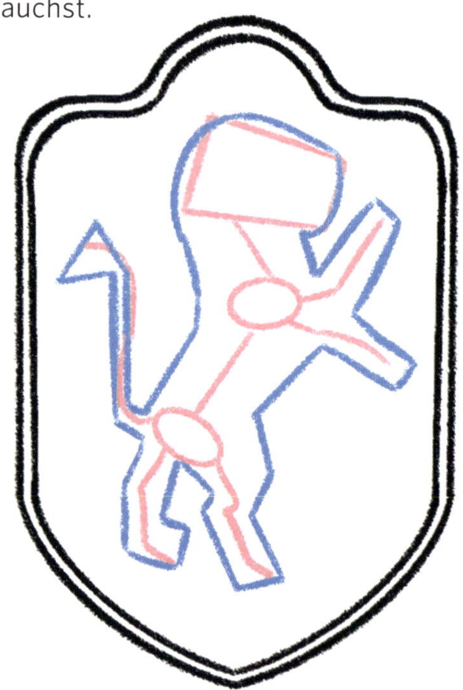

9 Runde die Kanten des Löwen ab. Zeichne das Auge und das brüllende Maul. Verwende gezackte Linien für die Haare am Schwanz und an der Mähne.

10 Für das Gryffindor-G zeichnest du zunächst ein Raster aus Hilfslinien. Beginne mit einem Quadrat und unterteile es durch ein Kreuz in vier gleiche Abschnitte.

11 Nun zeichnest du Kästchen für Kästchen die Linien für das „G“ ein. Wenn du fertig bist, radierst du die Hilfslinien aus.

12 Dein Mut hat sich gelohnt! Jetzt kannst du das Gryffindor-Wappen in den Hausfarben Rot und Gold ausmalen und auf einen Schal für Harry, Hermine oder Ron zeichnen.

WAPPEN VON SLYTHERIN

Slytherins wie Draco Malfoy sind für ihren Stolz, ihre Gerissenheit und ihren Ehrgeiz bekannt. Möchtest du ein Slytherin-Wappen zeichnen, auf das du stolz sein kannst? Hier ein Tipp: Halte den Bleistift nicht zu fest, sonst ist es schwieriger, alle Kurven der Slytherin-Schlange zu zeichnen. Übe das Zeichnen von Kurven auf Schmierpapier, sodass du ein Gefühl dafür bekommst! Auf Seite 54/55 findest du die Anleitung zum Umriss des Wappens.

1 Zeichne ein Oval in die Mitte des Wappens. Unterteile das Oval dann mithilfe von senkrechten und waagerechten Linien in Abschnitte. Die oberen Abschnitte sollten größer sein als die unteren.

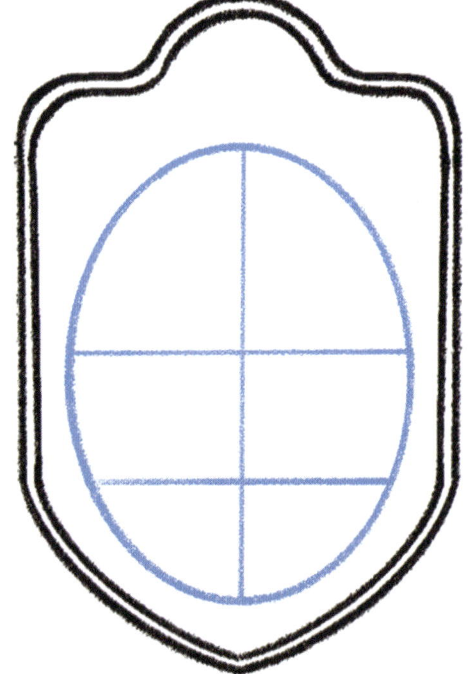

2 Beginne die Grundform der Schlange oben links. Die geschwungene Linie verläuft erst wie bei einem Fragezeichen nach unten, dann wie bei einer „6“ bis zur Schlinge in der Mitte und von dort nach rechts oben.

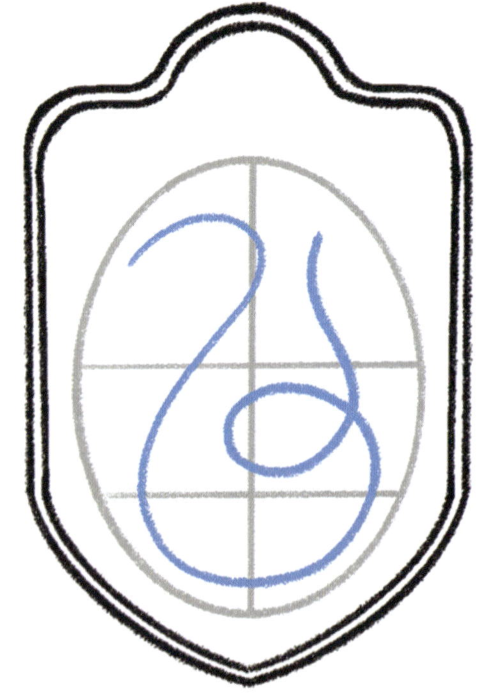

3 Zeichne den Umriss des Körpers um die Grundlinie. Die Linien überschneiden sich in der Mitte, wo der Körper sich windet. Wenn du fertig bist, radiere die roten Hilfslinien aus.

4 Zeichne das Auge, den Mund und die gespaltene Zunge. Für das Slytherin-S skizzierst du rechts oben wieder ein Hilfslinienraster aus einem Quadrat, das du durch ein Kreuz unterteilst.

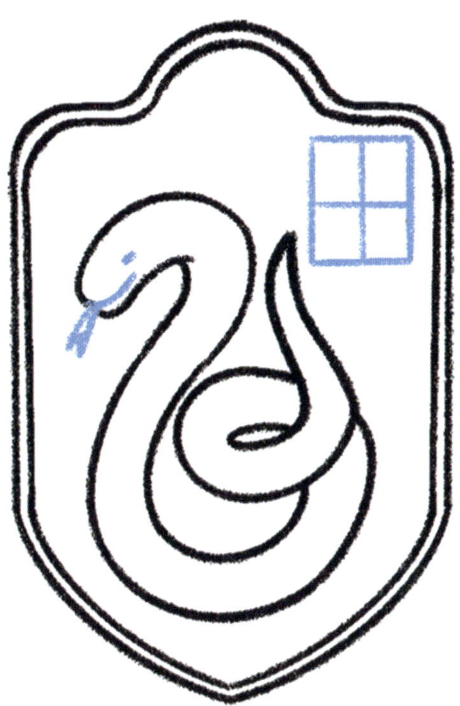

5 Nun zeichnest du Kästchen für Kästchen die Linien für das „S" ein. Wenn du fertig bist, radierst du die Hilfslinien aus.

6 Ziehe die Umrisse mit schwarzem Fineliner nach. Dann malst du das Slytherin-Wappen in den Hausfarben Grün und Silber aus.

WAPPEN VON RAVENCLAW

Die Schüler des Hauses Ravenclaw sind für ihre Scharfsinnigkeit, Weisheit und Wissbegierde bekannt. Luna Lovegood ist eines der vielen Mitglieder des Hauses, das von Rowena Ravenclaw gegründet wurde. Um das Hauswappen zu zeichnen, befolge zunächst die Schritte 1-5 auf den Seiten 54-55 für die Grundform. Schnapp dir dann deinen Bleistift und zeichne das Wappentier des Hauses, wie es in den Filmen zu sehen ist – den Raben.

1 Für den Kopf des Raben skizzierst du links unten einen Kreis, rechts daneben ein Oval für den Körper. Dann ziehst du für die Flügel zwei Linien wie abgebildet.

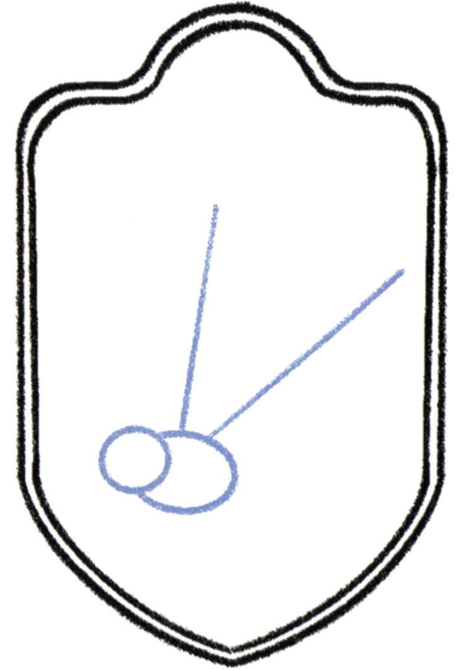

2 Gestalte dann die übrigen Grundformen des Vogels. Der rechte Flügel und der Schwanz sehen aus wie ein L in Blockschrift. Der linke Flügel verschwindet dahinter. Dreiecke bilden den Schnabel und die Beine.

3 Nun kommt die Feinarbeit. Zeichne zackige Linien für die Federn und geschwungene Linien für die Krallen, den Schnabel und den Kopf. Dann radierst du die Hilfslinien aus.

4 Für das Ravenclaw-R zeichnest du links oben ein Raster aus Hilfslinien. Beginne mit einem Quadrat und unterteile es durch ein Kreuz in vier gleiche Abschnitte.

5 Nun zeichnest du Kästchen für Kästchen die Linien für das „R" ein. Wenn du fertig bist, radierst du die Hilfslinien aus.

6 Ziehe die Umrisslinien mit schwarzem Fineliner nach. Dann malst du das Ravenclaw-Wappen in den Hausfarben Blau und Silber aus.

WAPPEN VON HUFFLEPUFF

Schätzt du Hingabe, Geduld und Loyalität? Wenn ja, dann würdest du dich wahrscheinlich bestens mit Hufflepuffs wie Cedric Diggory und Justin Finch-Fletchley verstehen! Diese Eigenschaften werden dir auch zugutekommen, wenn du den Hufflepuff-Dachs zeichnest und deine Fertigkeiten verfeinerst. Zunächst aber zeichnest du einmal die Umrisse des Hauswappens wie auf den Seiten 54–55 beschrieben.

1 Skizziere zuerst das Grundgerüst des Dachses: für den Kopf ein großes Oval, für den Körper zwei kleinere Ovale, die du mit geschwungenen Linien verbindest.

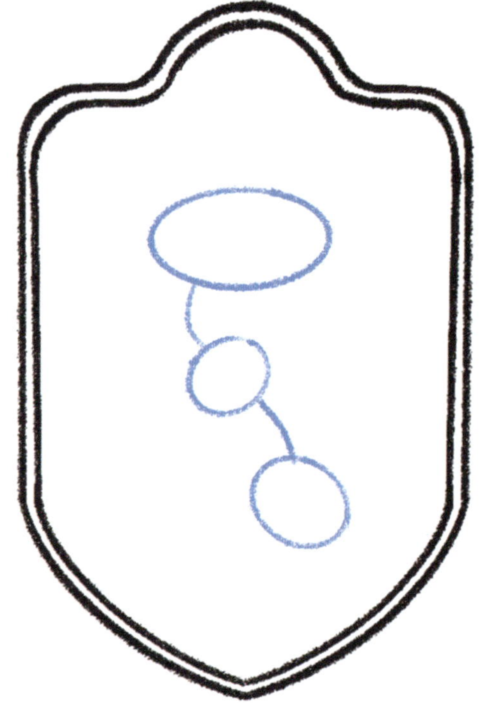

2 Füge weitere Linien für die Arme, Beine und den Schwanz hinzu.

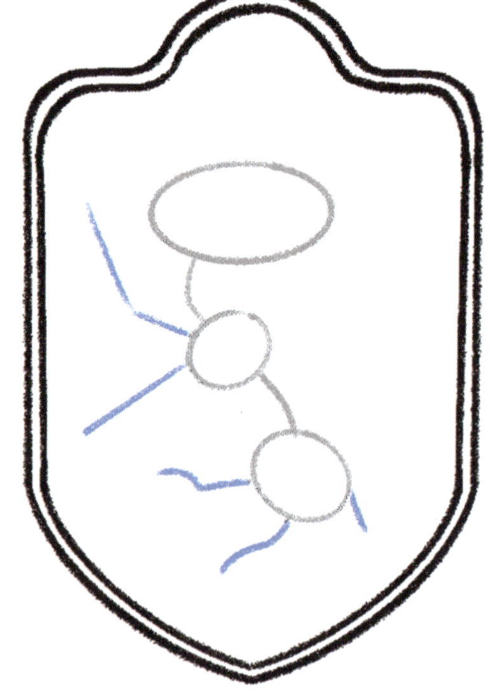

3 Zeichne mit geraden Linien die Umrisse des Dachses um das Grundgerüst. Radiere dann die Hilfslinien von Schritt 1 und 2 aus.

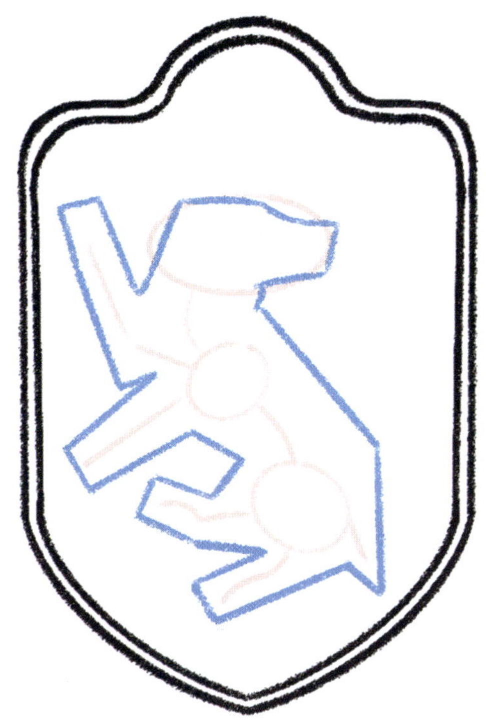

4 Runde die kantigen Umrisslinien ab. Zeichne das Auge ein und stelle die Krallen, den Schwanz und die Fellpartien mit gezackten Linien dar.

5 Für das Hufflepuff-H zeichnest du oben rechts ein Raster aus Hilfslinien. Beginne wieder mit einem Quadrat und unterteile es durch ein Kreuz in vier gleiche Abschnitte.

6 Nun zeichnest du Kästchen für Kästchen die Linien für das „H“ ein. Wenn du fertig bist, radierst du die Hilfslinien aus.

7 Ziehe die Umrisslinien mit schwarzem Fineliner nach und male das Hufflepuff-Wappen in den Hausfarben Gelb und Schwarz aus.

HARRY POTTER

Bestimmt kannst du es kaum erwarten, den berühmtesten jungen Zauberer in Hogwarts zu zeichnen! Aber vorher verraten wir dir noch ein magisches Geheimnis: Alle Zeichnungen von Menschen in diesem Buch beginnen mit einem Strichmännchen! Dieses Grundgerüst hilft dir, die Haltung der Person zu erfassen, bevor du ins Detail gehst. Diese Technik funktioniert bei jeder Pose: beim Laufen, Fliegen und Zaubern – oder wenn die Figur einfach nur ruhig dasteht wie Harry!

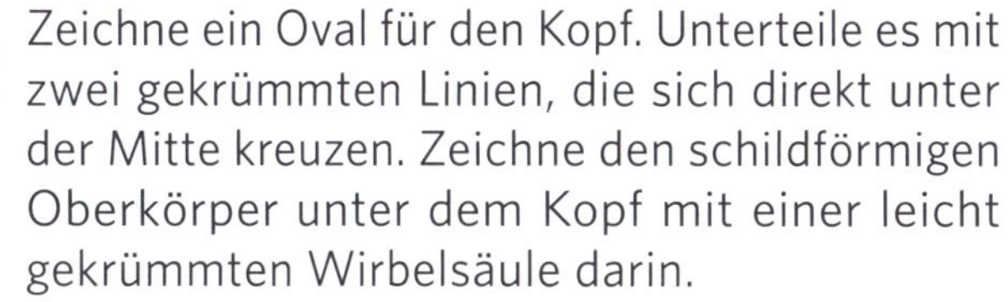

1 Zeichne ein Oval für den Kopf. Unterteile es mit zwei gekrümmten Linien, die sich direkt unter der Mitte kreuzen. Zeichne den schildförmigen Oberkörper unter dem Kopf mit einer leicht gekrümmten Wirbelsäule darin.

2 Skizziere die Arme, Beine und dreieckigen Füße, als ob du ein Strichmännchen zeichnen würdest. Zeichne dann Kreise an den Gelenken (Schultern, Ellbogen, Handgelenke, Knie und Knöchel). Harrys Hände stecken in seinen Taschen, daher sind seine Arme angewinkelt.

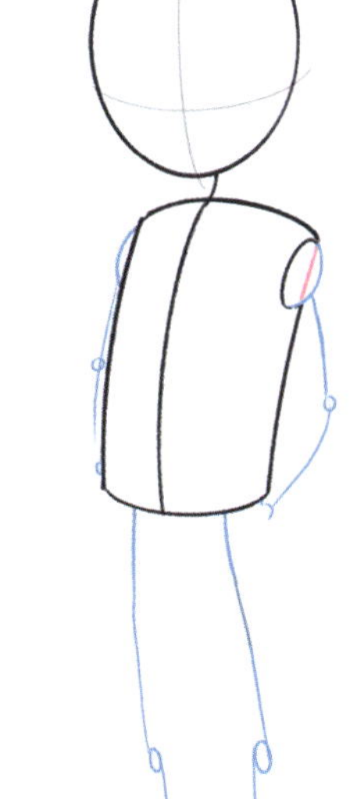

3 Zeichne für die Haare einen Heiligenschein um Harrys Kopf und zwei Kreise für die Augen. Siehst du, wie die Augen auf der waagerechten Hilfslinie liegen? Ziehe dann die Arme, Beine und den Hals mit einer Kombination aus Ovalen und geraden Linien nach.

4 Sobald du den Rahmen des Körpers hast, kannst du die Umrisse von Harrys Hose, Umhang und dem Ausschnitt seines Pullovers zeichnen. Gestalte dann mit mehreren „V"s die strubbeligen Fransen von Harrys Haar.

5 Für Harrys Augen zeichnest du zunächst zwei kleinere Kreise in deine Kreise aus Schritt 3. Ziehe dann eine horizontale Linie durch jedes Auge. Die Augenlider und Augenbrauen ähneln Halbmonden. Deute die Nase an, zeichne den Mund – und vergiss die Blitznarbe nicht!

6 Linien sind magisch! Gerade Linien bilden ein „V" für Harrys Ärmel. Kurze, geschwungene Linien, die vom inneren Ellbogen ausgehen, stellen die Falten in der oberen Hälfte seines Umhangs dar. Zusätzliche geschwungene Linien machen sein Haar strubbelig.

7 Verfeinere die Details von Harrys Kleidung mithilfe geschwungener Linien und kleiner Schraffuren. Schattiere dann die obere Hälfte seiner Augen, wobei die kleinsten Kreise weiß bleiben. Harrys Brille sind zwei große Kreise, die durch eine kurze Linie miteinander verbunden sind.

8 Du hast Harry Potter gezeichnet! Radiere Flecken und überflüssige Linien aus. Wenn du möchtest, ziehe die Umrisse mit einem schwarzen Fineliner nach. Schnapp dir dann dein Gryffindor-Rot und Gold und mache dich ans Ausmalen!

RON WEASLEY

Nun ist Harrys mutiger und bester Freund Ron Weasley an der Reihe. Es gibt viele Ähnlichkeiten zwischen den Zeichnungen von Ron und Harry in diesem Buch – und auch jede Menge Unterschiede. Genau wie bei ihren Persönlichkeiten! Es ist eine gute Idee, während der Arbeit immer wieder einen Blick auf die Zeichnungen der anderen Figuren zu werfen. Zwei Zeichnungen zu vergleichen, ist eine tolle Methode, um zu lernen!

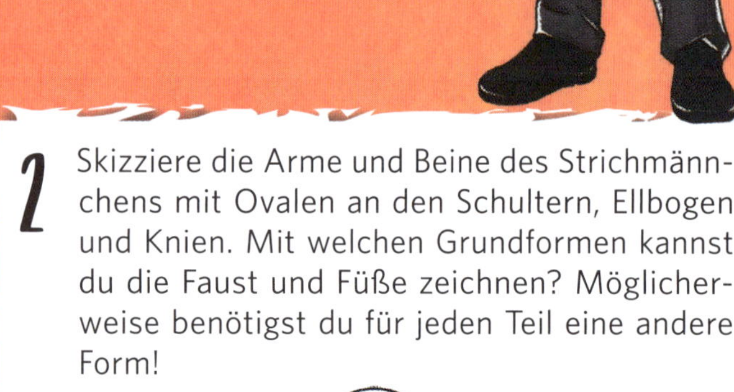

1 Zeichne zunächst ein Oval für Rons Kopf und einen schildähnlichen Oberkörper. Füge dann gekrümmte Hilfslinien für das Gesicht und die Wirbelsäule hinzu. Beachte, dass Rons Oberkörper leicht abgerundete Kanten hat.

2 Skizziere die Arme und Beine des Strichmännchens mit Ovalen an den Schultern, Ellbogen und Knien. Mit welchen Grundformen kannst du die Faust und Füße zeichnen? Möglicherweise benötigst du für jeden Teil eine andere Form!

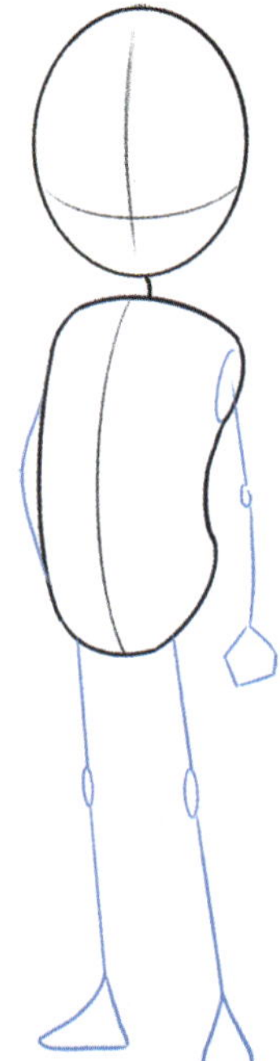

3 Verdicke Rons Arme, Beine und Hals mit Ovalen und geraden Linien. Füge dann einen Kreis für jedes Auge und einen Heiligenschein für die Haare hinzu. Zeichne ein großes „T“ als Daumen in seine Faust. Radiere deine Hilfslinien für das Strichmännchen aus.

4 Überarbeite die Kontur aus Schritt 3 so, dass es aussieht, als würde Ron eine Hose, einen Pullover und Schuhe tragen. Zeichne für das Ohr einen Halbmond mit einem Bogen darin. Verwende viele unordentliche „V“s für sein Haar.

5 Nun zum Gesicht! Blättere zurück auf Seite 6 für Tipps zum Zeichnen von Augen. Siehst du, wie Rons Augenbrauen in der Mitte nach oben verlaufen? Vergiss nicht die Sommersprossen über der Nase!

6 Schattiere den oberen Bereich der Augen. Füge Details zu Haaren und Kleidung hinzu. Mache geschwungene Linien für den Kragen und das strubbelige Haar, gerade Linien für die Säume des Pullovers und diagonale Linien für seine Hose und Krawatte.

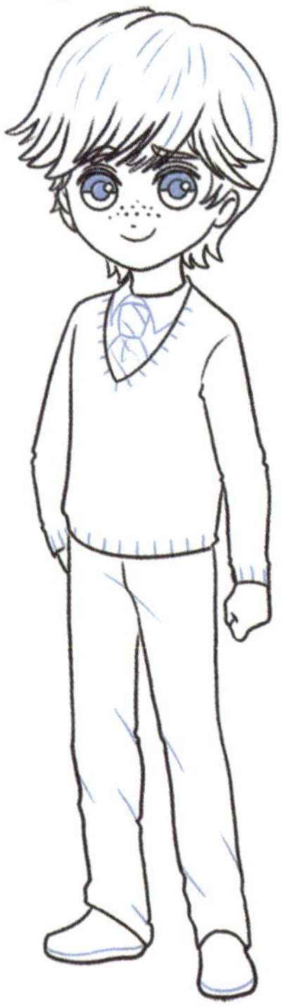

7 Überarbeite die Konturen und radiere Flecken und überflüssige Hilfslinien aus. Male dann Rons typisches rotes Weasley-Haar an. In welchen magischen Abenteuern willst du ihn als Nächstes darstellen?

HERMINE GRANGER

Hermine Granger ist eine herausragende Schülerin, die sich im Laufe der Harry-Potter-Filme als erstklassige Freundin von Harry und Ron erweist. Aber selbst ihr passieren beim Lernen neuer Zaubersprüche Fehler. Fällt es dir schwer, mit einer neuen Zeichnung zu beginnen, weil du meinst, sie müsse gleich perfekt sein? Fertige ein paar superverworrene Skizzen von Hermine an, um das Gefühl abzuschütteln. Je chaotischer, desto besser!

1 Zeichne ein Oval für Hermines Kopf und Hilfslinien auf ihrem Gesicht. Ihr Körper ist gedreht, also sollte die gekrümmte Linie auf der einen Seite ihres Oberkörpers länger sein als die andere. Zeichne dann ein Oval für ihre Schulter.

2 Füge gekrümmte Linien an ihren Schultern hinzu. Skizziere dann die Arme und Beine mit Strichen und die Ellbogen und Knie mit Ovalen. Siehst du, wie der eine Arm am Ellbogen gebeugt ist? Mit welchen Formen stellst du die Füße dar?

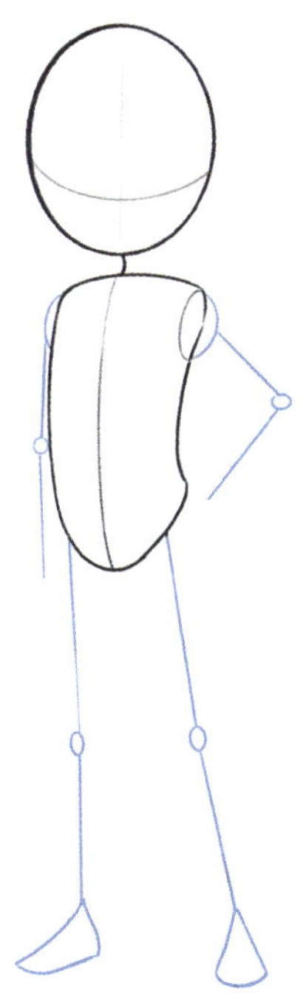

3 Zeichne zwei Kreise für die Augen. Sie liegen auf der geschwungenen Hilfslinie, die du in Schritt 1 gezeichnet hast. Skizziere dann die Grundformen der Haare.

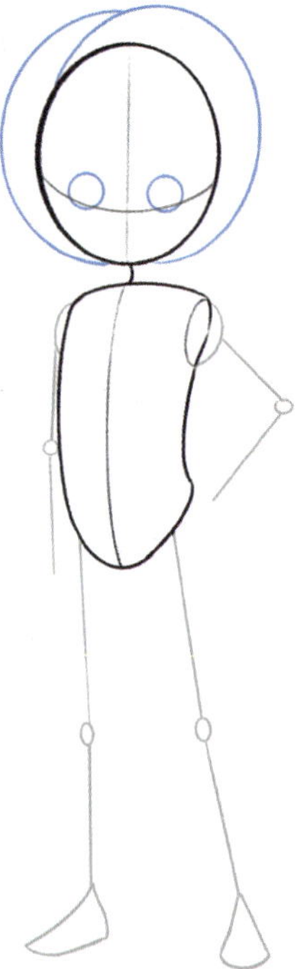

4 Ziehe die Konturen ihres Körpers mit einer Kombination aus geraden und gebogenen Linien nach. Siehst du das liegende „V“ an ihrem gebeugten Ellbogen und das „W“ in der Hand auf ihrer Hüfte? Radiere die alten Hilfslinien aus.

5 Zeichne die Konturen von Hermines Haaren und Kleidung. Ihr Pony besteht aus fransigen „W“s und „V“s, während die Linien ihrer Locken weicher und welliger sind. Radiere alle Linien aus, die du nicht mehr brauchst.

6 Für Tipps zum Zeichnen der Augen blättere zurück auf Seite 6. Für den Rock zeichnest du eine Kurve über jedem Knie und lange, gerade Linien auf beiden Seiten für die Falten.

7 Wie viele verschiedene „V"s siehst du an Hermines Kragen, der Krawatte und dem Pullover? Benutze sie, um die Details zu zeichnen.

8 Füge Schattierungen auf der oberen Hälfte jedes Auges und auf den Augenlidern hinzu. Ergänze dann Details zu ihrem Haar. Beachte, wie die geschwungenen Linien in ihren Haarwellen miteinander verbunden sind.

9 Letzte Details sind die gebogenen Linien an Hermines Schulter und an ihrem angewinkelten Arm. Zeichne kurze gestrichelte Linien am Saum und am Bündchen ihres Pullovers.

10 Überarbeite dein Werk und zeichne die Umrisse mit einem schwarzen Fineliner nach. Koloriere das Ganze! In welchem magischen Abenteuer wirst du Hermine zuerst darstellen?

DRACO MALFOY

Draco Malfoy schreckt bekanntlich vor nichts zurück, um das zu bekommen, was er will. Im Gegensatz zu Harry *wollte* er unbedingt dem Haus Slytherin zugeordnet werden! In einer Zeichnung kannst du mit Details wie einem hämischen Mund die Persönlichkeit einer Person ausdrücken. Was verraten die anderen Details über Harrys Rivalen?

1 Zeichne die Grundformen und Hilfslinien von Kopf und Körper. Dracos Körper zeigt in eine andere Richtung als sein Kopf. Um das besser zu verdeutlichen, zeichne seine Wirbelsäule näher an die eine Seite seines Oberkörpers.

2 Mache ein Oval an seiner Schulter. Skizziere dann mit Strichen Arme und Beine. Füge Dreiecke für die Hände und Füße und kleinere Ovale für die Ellbogen und Knie hinzu. Beachte, dass die Beine länger sind als der Rumpf.

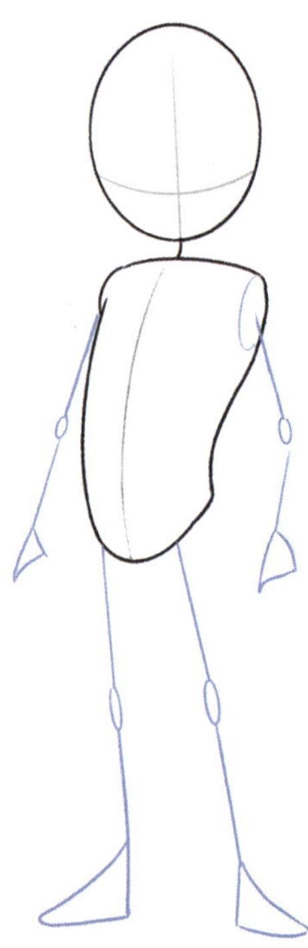

3 Zeichne Dracos Hals. Füge dann auf der horizontalen Hilfslinie zwei Kreise für die Augen hinzu. Als Nächstes zeichnest du für die Haare einen Heiligenschein um seinen Kopf.

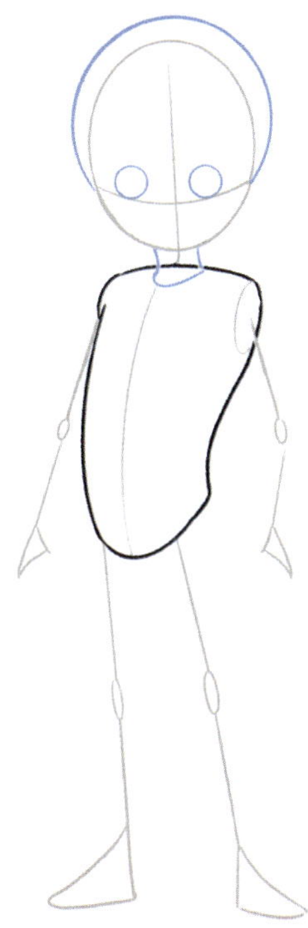

4 Ziehe mit geraden und gebogenen Linien die Formen von Dracos Armen und Beinen um das Strichmännchen, das du in Schritt 2 skizziert hast. Für seine Hände zeichnest du die Daumen und Zeigefinger um die Spitzen der Dreiecke.

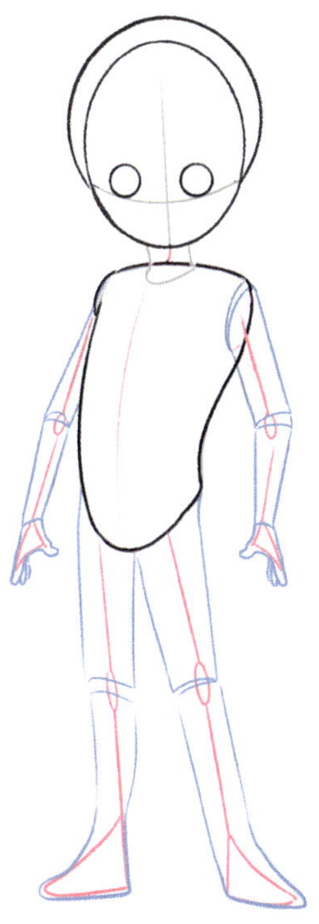

5 Bist du bereit, deine Zeichnung weiter zu verfeinern? Zeichne die Umrisse von Hose, Schuhen und Zaubererumhang. Welche Formen siehst du, die dir weiterhelfen?

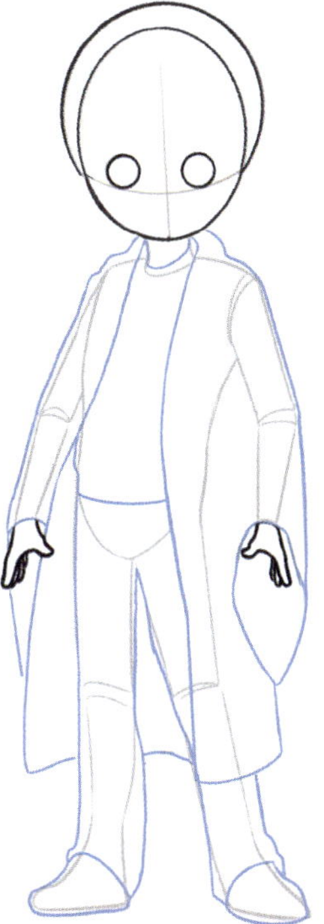

6 Gestalte zwei halbmondförmige Ohren, die etwas tiefer als die Augen liegen. Umrande dann Dracos Gesicht mit kurzen, geschwungenen Linien. Verwende weitere geschwungene Linien am äußeren Rand seines Haars, damit es nach hinten gegelt aussieht.

7 Für Dracos Augen befolge die Tipps auf Seite 6. Seine Augenlider sind rund, aber die Brauen gerade und spitz. Das gilt auch für den Mund! Radiere dann alle übrigen Hilfslinien aus.

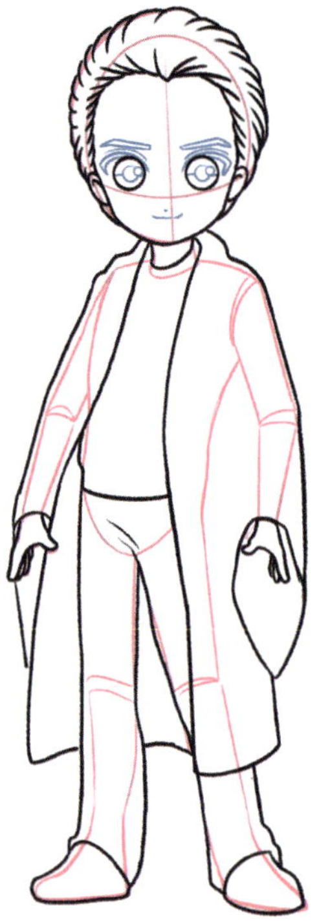

8 Um Dracos Gesicht zu vollenden, malst du jene Teile seiner Augen aus, die im Buch schattiert sind. Füge nun letzte Details an seinem Haar hinzu.

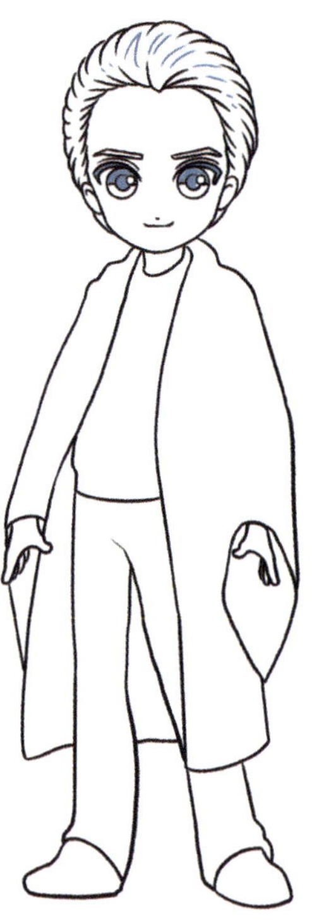

9 Ergänze dann Details von Malfoys Kleidung. Seine Hose und sein Umhang wirken dank geschwungener Linien fließend. Striche verleihen seinem Pullover Struktur, „V"s und diagonale Linien bilden den Kragen und die Krawatte.

10 Radiere alle Flecken und überflüssigen Linien aus. Ziehe den endgültigen Umriss mit einem schwarzen Fineliner nach. Male zum Schluss Pullover und Krawatte im für Slytherin typischen Grün und Silber an!

LUNA LOVEGOOD

Als Harry im fünften Film Luna Lovegood begegnet, fallen ihm als Erstes ihr verträumter Blick und ihre grenzenlose Fantasie auf. Aber schon bald bewährt sie sich auch als tolle Freundin! Luna glaubt gern an das Unmögliche – vor allem, wenn sie davon im Klitterer liest! Welche Möglichkeiten siehst du in dieser Zeichnung von Luna? Nimm deinen Stift zur Hand und finde es heraus!

1 Zeichne einen ovalen Kopf und einen rechteckigen Körper, der in der Mitte schmaler ist. Ziehe dann eine gerade Linie von der Spitze des Kopfes bis zum Ende des Rumpfes. Füge eine gebogene Hilfslinie für das Gesicht hinzu.

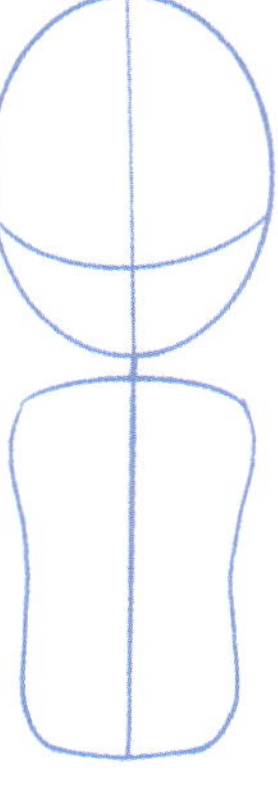

2 Skizziere dann die Arme und Beine mit Strichen. Füge Kreise für die Ellbogen, Ovale für die Knie und Drachenvierecke für die Hände hinzu. Einer von Lunas Füßen ist ein Dreieck, der andere sieht aus wie ein Tropfen, weil ihre Zehen nach vorn zeigen.

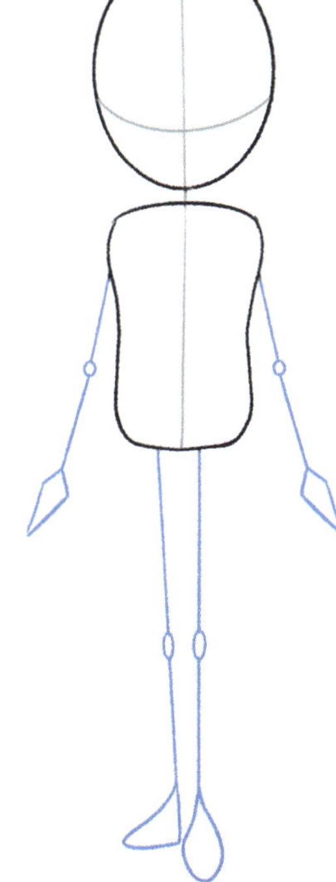

3 Ziehe die Umrisse der Arme und Beine nach. Beachte, dass sie oben breiter sind als unten. Stelle dann Lunas Hände dar. Zeichne sie zum Üben zunächst auf einem Stück Schmierpapier nach.

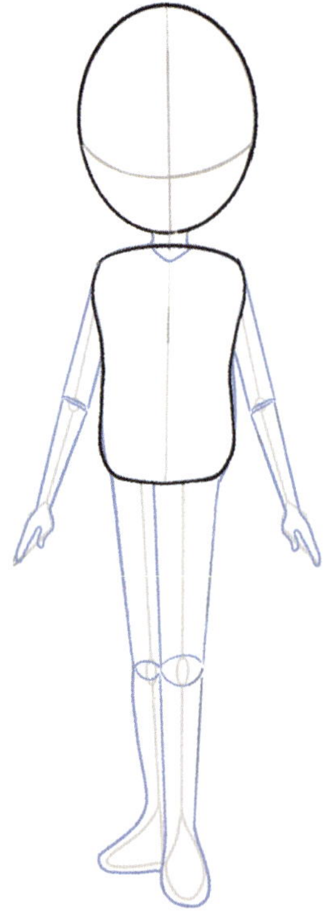

4 Zeichne für jedes Auge einen Kreis auf der horizontalen Hilfslinie aus Schritt 1. Zeichne dann Lunas Haare mit langen, welligen Linien. Beachte, wie hoch ihr Haar über dem Oval ihres Kopfes liegt.

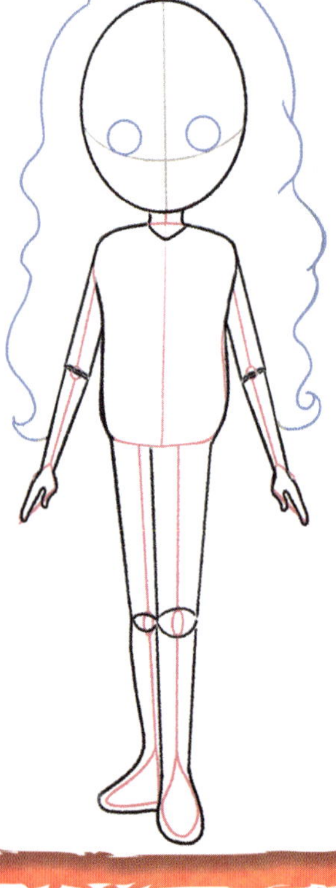

5 Mache eine Welle in Form eines umgedrehten „U"s für Lunas Pony. Siehst du, wo sie sich mit den Linien von Schritt 1 überschneidet? Zeichne dann ihren Umhang, das tiefe „V" ihres Pullovers und den gewellten Saum ihres Rockes.

6 Zeichne einen dunklen Kreis in jedes Auge und ein kleineres, rundes Glanzlicht. Deute die Augenlider mit Halbmonden an und füge die Wimpern hinzu. Die Augenbrauen liegen hoch auf der Stirn und verleihen Luna einen verträumten Blick. Radiere alle roten Linien aus.

7 Zeichne kleine Kurven für die Ohren und Rauten für die Ohrringe. Schattiere die obere Hälfte jedes Auges. Zeichne dann lange, geschwungene Linien, um ihr Haar besonders wellig aussehen zu lassen. Die Linien sollten in die Richtung verlaufen, in die ihr Haar fällt.

8 Nun kommt der letzte Schliff! Zeichne kurze Striche für Lunas Knie und geschwungene Linien für die Falten im Gewand und die Details der Schuhe. Gerade Linien deuten die Falten an ihrem Rock und die Streifen an ihrer Krawatte an. Der Kragen ist ein umgedrehtes „V".

9 Bereit zum Kolorieren? Luna hat hellblaue Augen und hellblondes Haar. Nun kannst du sie gemeinsam mit einer magischen Kreatur zeichnen oder wie sie die Welt durch ihre Gespensterbrille sieht.

ALBUS DUMBLEDORE

Wenn Harry Potter nicht weiter weiß, holt er sich oft Rat bei Professor Dumbledore. Kommst du bei einer Zeichnung auch nicht voran? Versuche Folgendes: Befestige die Zeichnung an der Wand, gehe einen Riesenschritt zurück und betrachte sie aus der Ferne. Oder drehe dein Blatt auf den Kopf! Manchmal musst du eine Zeichnung aus einer anderen Perspektive betrachten, um herauszufinden, was als Nächstes zu tun ist.

1 Zeichne einen Kreis für den Kopf. Teile ihn mit zwei geraden, sich überkreuzenden Linien in vier gleiche Abschnitte auf. Zeichne unter dem Kopf eine Form, die einem umgedrehten Haus ähnelt. Verbinde die beiden Formen mit einer kurzen Linie.

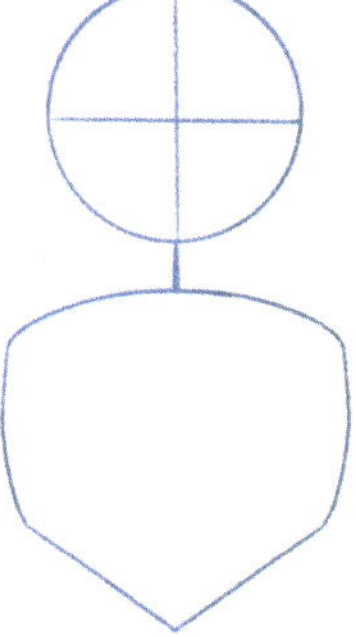

2 Zeichne zwei gerade Linien von der Unterseite des Rumpfes bis zu der Stelle, an der sich die Füße befinden werden. Skizziere dann die Grundformen der Arme und Hände. Eine Hand ist ein Rechteck, die andere ein breites „U“.

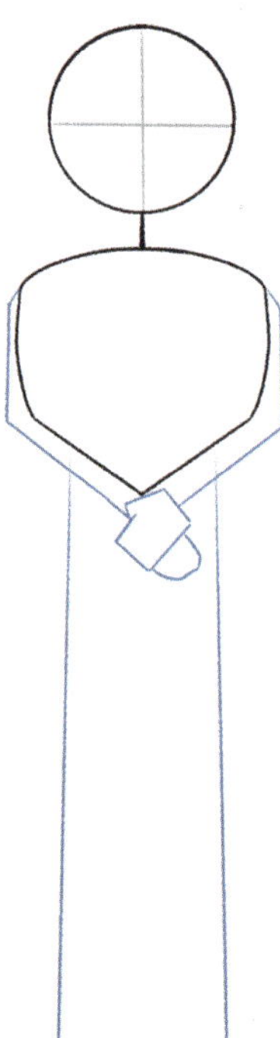

3 Skizziere Dumbledores Körper mit geraden, gewellten und geschwungenen Linien. Füge Haare, Bart und Gewand hinzu. Zeichne dann Ovale für die Augen auf der waagerechten Hilfslinie.

4 Füge deiner Zeichnung mit Linien Details hinzu. Wenn du die Umrisse des Gesichts welliger machst, wirkt seine Haut faltig. Eine Kombination aus geschwungenen und geraden Linien lässt sein Gewand fließend aussehen.

5 Stelle den Hut mit geschwungenen Linien fertig. Nutze dann deine Hilfslinien, um das Gesicht darzustellen. Zeichne die Augenbrauen und Augenlider in der oberen Hälfte des Kreises und den Mund, die Nase und die Brille in der unteren Hälfte.
Radiere überflüssige Linien aus.

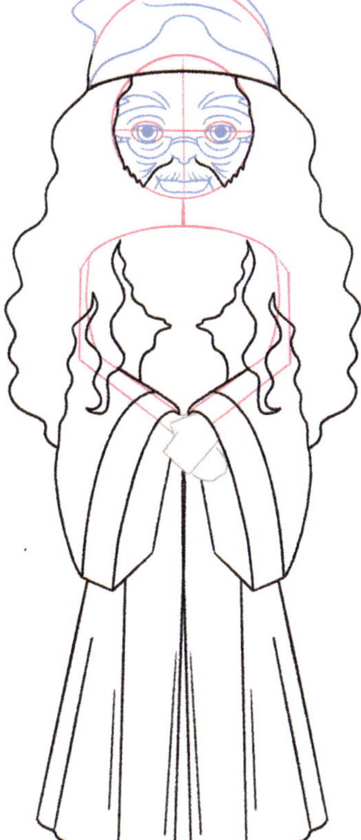

6 Zeichne die Finger mit „U"-Formen und Wellenlinien. Füge mit weiteren Wellenlinien Details am Bart hinzu. Siehst du, wie er über seinen Händen zusammengebunden ist?

7 Schattiere Augenbrauen, Bart, Hut und Gewand. Dekoriere dann den Hut mit Sternen und male das Gewand an. Was denkst du, welchen Rat Dumbledore Harry geben möchte?

HOGWARTS-EXPRESS

Die schwarz-rote Dampflokomotive befördert junge Hexen und Zauberer – und ihr Gepäck – von Gleis 9¾ zur Hogwarts-Schule für Hexerei und Zauberei. Der Hogwarts-Express braust zwar eilig dahin, aber für die Zeichnung solltest du dir besser Zeit lassen und Schritt für Schritt vorgehen. Tipp: Willst du perfekte Kreise und Kurven, nimm eine Kreisschablone zu Hilfe!

1 Zeichne zuerst einen Kreis und dann ein langes, schmales Rechteck darunter. Verbinde die Formen mit zwei gleichen, schrägen Linien.

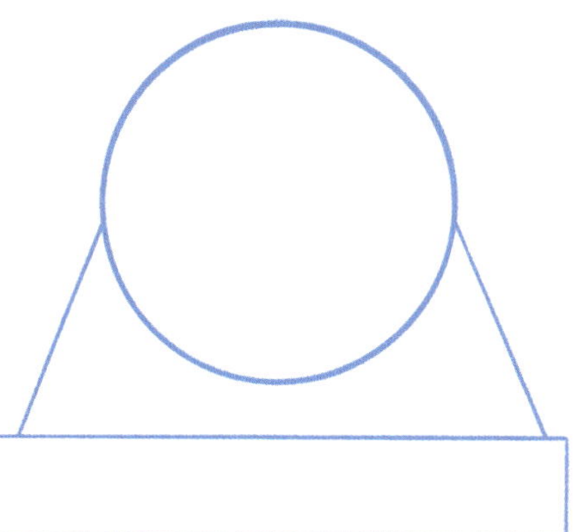

2 Zeichne weitere Grundformen, darunter zwei kleinere Kreise, einen mittelgroßen Kreis und ein weiteres, kleineres Rechteck. Achte genau auf ihre Größe und Position.

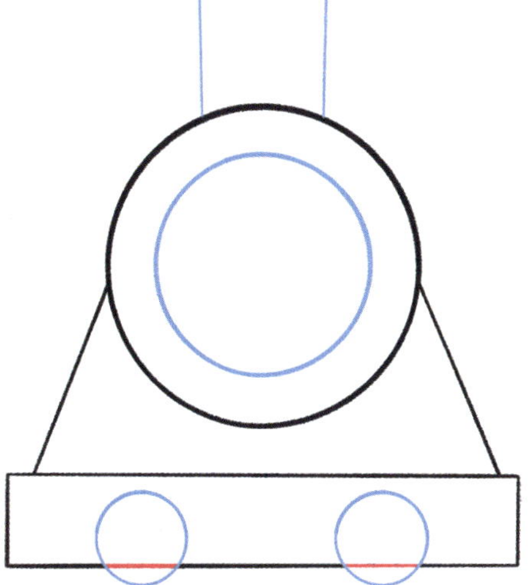

3 Zeichne unter jeden der kleineren Kreise von Schritt 2 ein hohes, schmales Oval. Verbinde sie dann mit zwei horizontalen Linien.

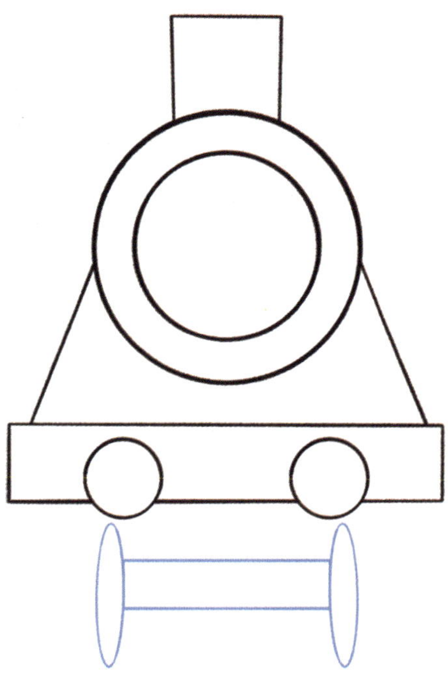

4 Stelle die Details an den Rädern mit geraden und geschwungenen Linien dar. Folge den Außenkanten der schmalen Ovale von Schritt 3, um die Kurven richtig hinzubekommen.

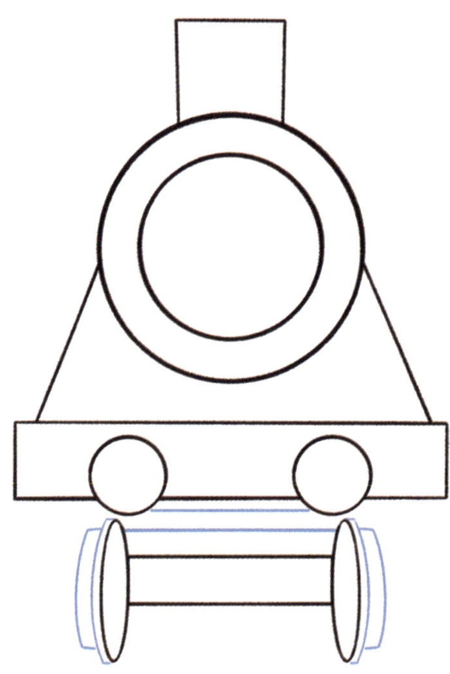

5 Verbinde den unteren Teil des Zuges mithilfe langer, geschwungener Linien mit den Rädern. Zeichne dann zwei geschwungene Formen oben am Zug für den Schornstein.

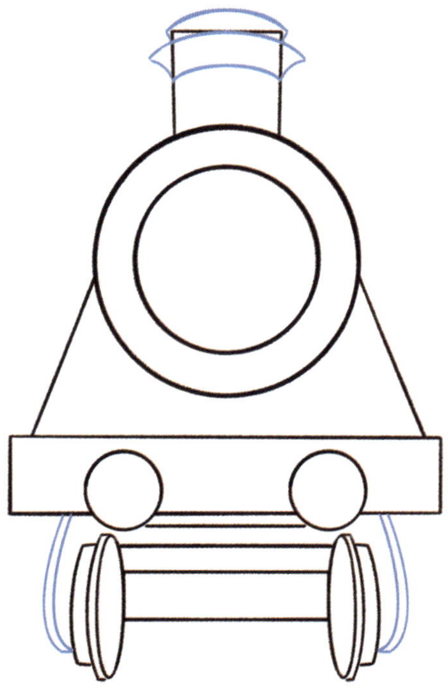

6 Füge die Details des Zuges mit einer Kombination aus geraden und gebogenen Linien und einfachen Formen wie Kreisen und Rechtecken hinzu. Wie wirst du die Details auf dem Schlot darstellen?

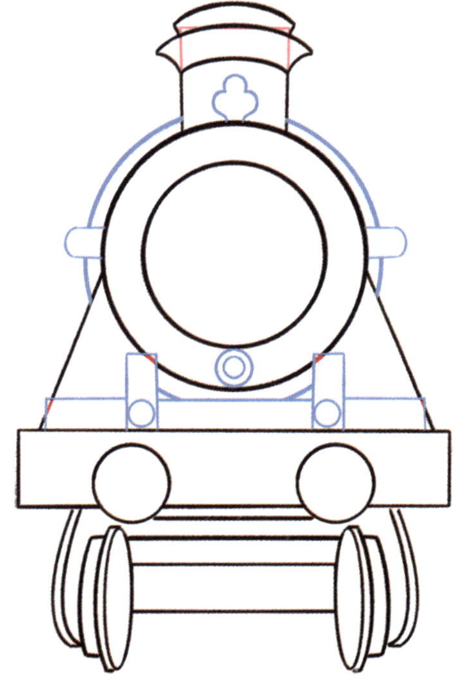

7 Zeichne zwei Rechtecke auf die Vorderseite des Zuges und dann eine gebogene Plakette darüber. Füge weitere Details um diese beiden Formen hinzu. Überlege, wie du sie mit Kreisen, Quadraten und Bogen vereinfacht darstellen kannst.

8 Füge auf der Vorderseite des Zuges nach und nach weitere Details hinzu! Wie zerlegst du jeden Bestandteil in grundlegende Linien und Formen?

9 Schreibe die Kennnummer und den Schriftzug „Hogwarts-Express" auf die beiden Plaketten vorne auf dem Zug. Zeichne dann überall auf dem Zug Kreise für die Nieten ein.

10 Radiere alle Hilfslinien aus und male den Hogwarts-Express farbig an. Vielleicht versuchst du als Nächstes, ihn auf dem Weg nach Hogwarts zu zeichnen!

WAPPEN VON HOGWARTS

Das Wappen von Hogwarts besteht aus vier Feldern – eines für jedes der vier Häuser. Wenn du die Hauswappen von Gryffindor, Slytherin, Ravenclaw und Hufflepuff gemeistert hast, kannst du sie für das Wappen von Hogwarts zusammenfügen. Tipp: Nutze wieder Raster und Hilfslinien!

1 Zeichne zunächst ein Quadrat. Unterteile es dann in vier Abschnitte. Die beiden unteren Abschnitte sollten etwas höher sein als die beiden oberen.

2 Zeichne den Umriss des Wappens. Konzentriere dich darauf, die Linien in einem Kästchen nach dem anderen zu zeichnen. Achte darauf, wie sie mit den Linien in den Kästchen daneben verbunden sind.

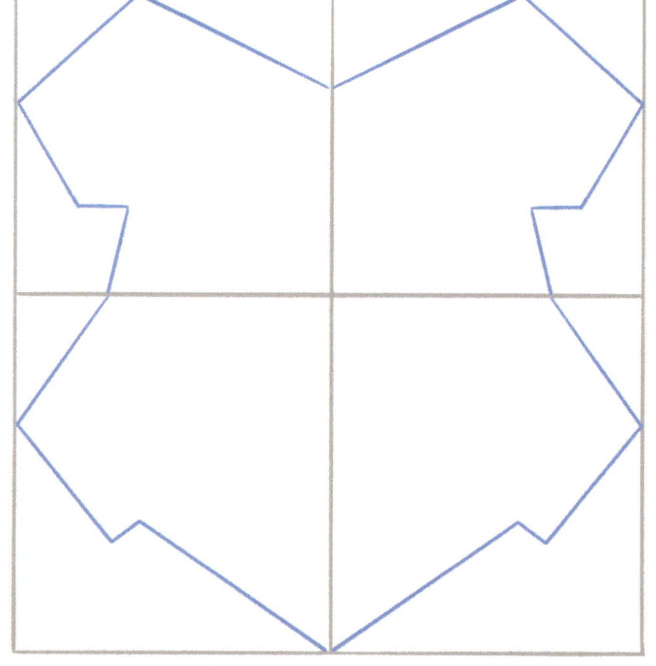

3 Verfeinere die Umrisse des Wappens und überarbeite dabei ein Kästchen nach dem anderen. Stelle mit geschwungenen Linien und Bogen dar, wie sich die oberen Ecken des Wappens nach hinten wölben.

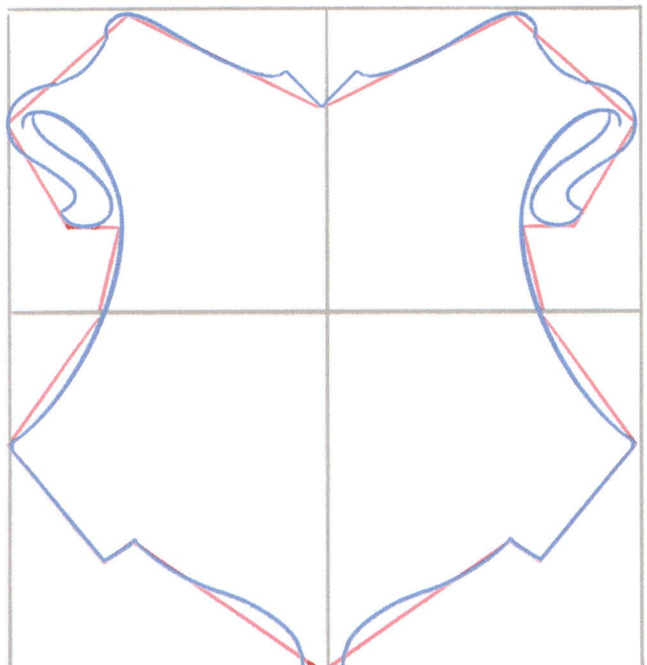

4 Für den Rahmen zeichnest du Linien, die parallel zu den Umrissen des Wappens verlaufen. Vergiss nicht, auch die Hilfslinien in der Mitte zu umreißen.

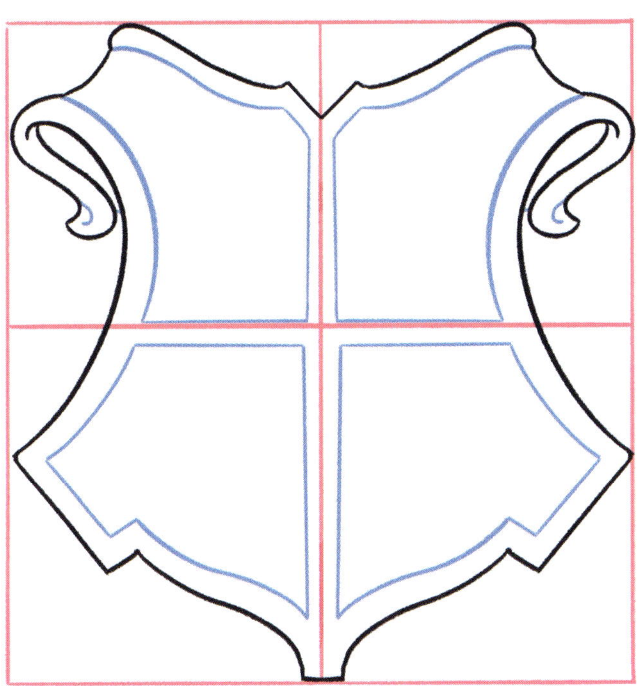

5 Zeichne den Löwen von Gryffindor und die Schlange von Slytherin in den oberen Teil des Wappens, den Dachs von Hufflepuff sowie den Raben von Ravenclaw unten. Anleitungen findest du auf den Seiten 55, 58, 60 und 62!

6 Für das Hogwarts-H zeichnest du in die Mitte ein Raster aus Hilfslinien. Beginne mit einem Quadrat und unterteile es durch ein Kreuz in vier gleiche Abschnitte.

7 Zeichne eine Kurve auf jeder Seite des Quadrats. Verbinde die Kurven, indem du in jeder Ecke eine kurze, gerade Linie ziehst.

8 Nun zeichnest du Kästchen für Kästchen die Linien für das „H“ ein. Danach radierst du die Hilfslinien aus, auch die Teile der Wappentiere aus Schritt 5, die unter dem H liegen.

9 Mithilfe kurzer, geschwungener Linien und Striche am Wappenrand und im Mittelteil sieht das Wappen edel und glänzend aus. Folge beim Zeichnen den Kurven des Umrisses.

10 Nun kannst du das Wappen in den verschiedenen Hausfarben ausmalen. Hast du Lust, das Hogwarts-Wappen in Postergröße zu zeichnen? Dann kannst du es in deinem Zimmer aufhängen!

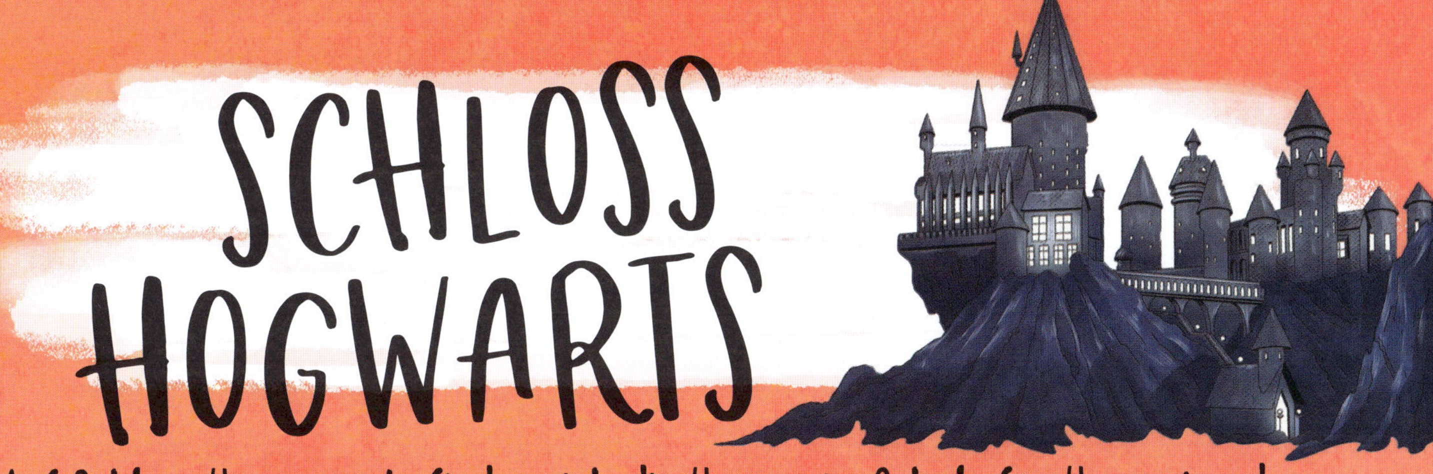

SCHLOSS HOGWARTS

Auf Schloss Hogwarts befindet sich die Hogwarts-Schule für Hexerei und Zauberei. Von der Großen Halle bis zum Astronomieturm – hier wird Zauberei unterrichtet, Freundschaften werden geknüpft und Geheimnisse bewahrt. Willst du ein Geheimnis über diese Zeichnung erfahren? Jedes Gebäude, jeder Turm und jede Brücke beginnt mit einem Rechteck!

1 Zeichne ein langes Rechteck. Teile es dann in drei ungleichmäßige Abschnitte ein. Der mittlere Abschnitt sollte der kleinste sein.

2 Füge in jedem Abschnitt Rechtecke für die Gebäude, Türme und Türmchen hinzu. Konzentriere dich auf einen Abschnitt nach dem anderen. Was fällt dir an der Größe der einzelnen Rechtecke und deren jeweiliger Position auf?

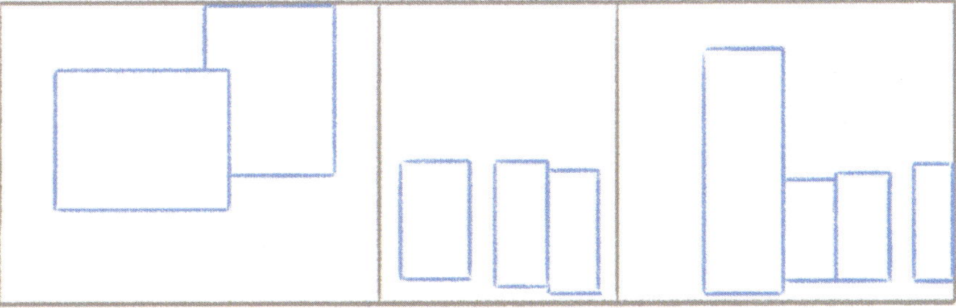

3 Skizziere weitere Rechtecke um jene, die du in Schritt 2 gezeichnet hast. Einige werden sich ein wenig mit anderen Rechtecken überschneiden. Nimm die Zeichnung unten zu Hilfe, um jede neue Form zu platzieren.

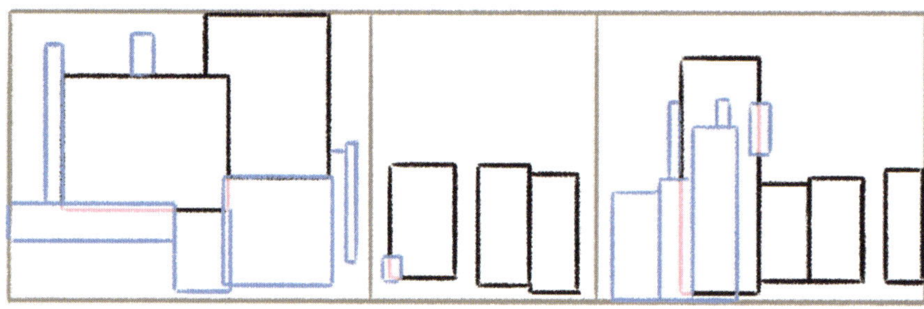

4 Stelle mit umgedrehten „V"s die spitzen Dächer auf allen Türmen und Türmchen dar. Du fragst dich, welche Rechtecke als Türme gedacht sind? Sieh dir die letzte Zeichnung als Anhaltspunkt an!

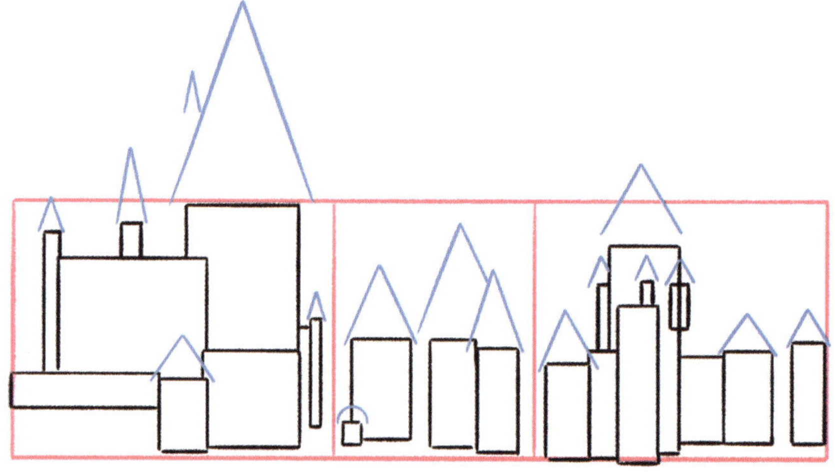

5 Zeichne eine gebogene Linie unten an jedem „V" aus Schritt 4. Verwende dann schräge Linien für den Rest der Dächer. Radiere die Linien unter jedem Turm und andere Hilfslinien aus, die du nicht brauchst.

6 Zeichne schräge Linien unterhalb des Schlosses, um die Felsen zu skizzieren. Füge dann vier gerade Linien unter den mittleren Türmen für die Brücke hinzu.

7 Überarbeite die Linien unterhalb des Schlosses, damit sie felsig und uneben aussehen. Zeichne dann die Bogen der Brücke und radiere alle Hilfslinien aus, die du nicht mehr brauchst.

8 Zeichne die Brücke in geraden Linien, Bogen und Ovalen. Füge eine geschwungene Linie in jeden Bogen der Brücke ein, damit sie dreidimensional wirkt.

9 Füge mit Rechtecken und Kreisen den restlichen Gebäuden und Türmen Fenster hinzu. Beachte, dass die Fenster auf den Turmdächern mit zunehmender Höhe kleiner werden.

10 Verwende eine Kombination aus ungleichmäßigen Linien, Punkten und Strichen, um die felsige Oberflächenstruktur des Berges darzustellen. Die meisten Linien verlaufen nach oben, dem Gipfel zu, nur die Linien unter der Großen Halle verlaufen nach unten.

11 Überarbeite die Umrisse und radiere alle unschönen Linien oder Flecken aus. Male die Fenster in Gelb- und Orangetönen aus, um den Eindruck zu erwecken, dass die Räume erleuchtet sind. Schattiere die dunklen Wände zuletzt, damit du deine Zeichnung nicht verschmierst.

FAHRENDER RITTER

Der Fahrende Ritter, mit dem Harry im dritten Film reist, ist für seinen rasanten Fahrstil berüchtigt! Den Bus zu zeichnen dauert zwar länger als Harrys Spritztour zur Winkelgasse, aber zum Üben kannst du den Bus im Buch nachzeichnen und viele, viele Kästchen auf Schmierpapier skizzieren. Schritt 1 und 2 zeigen dir, wie es geht!

1 Beginne mit dem kleineren Rechteck rechts. Zeichne ein größeres Rechteck daneben und achte darauf, dass seine Ober- und Unterseite leicht schräg verlaufen.

2 Zeichne eine gerade Linie zwischen den oberen rechten Ecken jeder Form. Ziehe dann eine Linie zwischen den oberen linken Ecken, den unteren rechten Ecken und den unteren linken Ecken. Deine Linien werden sich an einigen Stellen überschneiden!

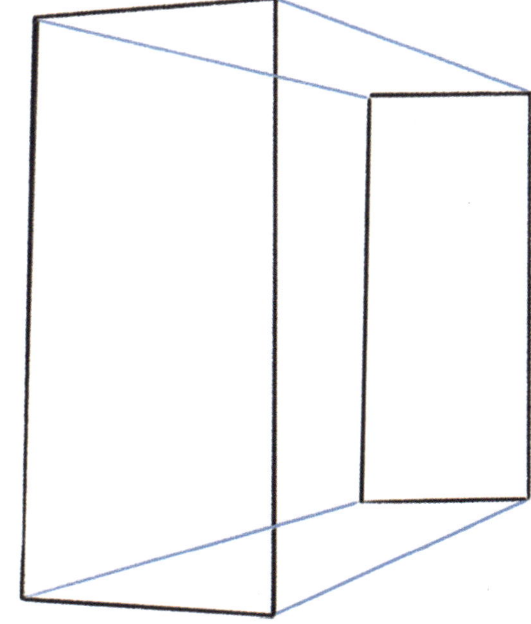

3 Runde die Umrisse des Kastens ab, damit er mehr wie ein Doppeldeckerbus aussieht. Achte darauf, an der Unterseite zwei halbrunde Öffnungen für die Reifen frei zu lassen.

4 Zeichne zwei Ovale und ein Halboval für die Reifen ein. (Der vierte Reifen ist verdeckt.) Zeichne dann eine rechteckige Form auf die Vorderseite des Busses. Siehst du, dass sie oben breiter ist?

5 Zeichne ein kleineres Oval in jeden Reifen. Lasse die Reifen mittels geschwungener Linien dreidimensional aussehen. Füge nun Details am Kühlergrill und ein Trittbrett hinten am Bus hinzu.

6 Ziehe eine kurze horizontale Linie über die Vorderseite des Busses und eine längere auf der Seite. (Sie sollten parallel zu den unteren Kanten deines Kastens aus Schritt 2 verlaufen.) Zeichne dann eine gestrichelte vertikale Linie dort, wo sich die horizontalen Linien treffen.

7 Mache nun drei vertikale Linien auf die Vorderseite des Busses, parallel zu den Linien deines Kastens aus Schritt 2. Achte auf ihre Länge und Position. Verbinde sie mit schrägen Linien oben und unten.

8 Stelle die Fenster des Busses mit Rechtecken dar. Orientiere dich weiterhin an den Hilfslinien aus Schritt 2, um die Winkel richtig hinzubekommen.

9 Zeichne mit den Rechtecken von Schritt 8 als Orientierungshilfe einzelne Fenster mit vertikalen Seiten und abgerundeten Ecken. Radiere dann den Kasten aus, den du in Schritt 1 und 2 gezeichnet hast.

10 Sieh dir die Details in diesem Schritt genau an. Welche Grundformen und Linien siehst du? Was könnte dir dabei helfen, die Kurven auf der Motorhaube im richtigen Winkel zu zeichnen?

11 Schreibe den Schriftzug „Fahrender Ritter“ auf die Vorderseite des Busses. Füge dann mit geraden Linien Details und Verzierungen hinzu. Achte darauf, wie sich die Linien an der Seite des Busses nach hinten hin einander annähern.

12 Nun kannst du den Bus anmalen und auf magische Abenteuer schicken! Wer steigt in den lila Bus ein? Wohin fährt er? Welche Abenteuer stehen ihm bevor?